Réfléchir vite et bien

Dans la même collection :

Examens : en forme le jour J, Jean-Marc Bayle
Réfléchir vite et bien, Edward de Bono
Mieux vivre avec l'analyse transactionnelle, Alain Cardon
Sortir des conflits avec les autres, Christophe Carré
La PNL, Catherine Cudicio
Avoir une sexualité épanouie, Catherine Cudicio
Le coaching pour mieux vivre, Catherine Cudicio
Mieux connaître sa personnalité, Jean-François Decker
Petit guide de la retraite heureuse, Marie-Paule Dessaint
Savoir et oser dire Non, Sarah Famery
Etre soi sans culpabiliser, Sarah Famery
Avoir confiance en soi, Sarah Famery
Se libérer de ses peurs, Sarah Famery
Proverbes psy pour mieux vivre, Ysidro Fernandez
Slow down, John Hapax
Mieux vivre avec ses émotions, Didier Hauvette
La Gestalt-thérapie expliquée à tous, Chantal Higy-Lang et Charles Gellman
Découvrir la musicothérapie, Edith Lecourt
Oser s'exprimer, Guyette Lyr
Couple : où en êtes-vous ?, Catherine Olivier
Manipulation : ne vous laissez plus faire !, Jacques Regard
Comprendre la crise d'adolescence, Françoise Rougeul
La psychogénéalogie expliquée à tous, Isabelle de Roux et Karine Segart
Les troubles du comportement alimentaire, Laëtitia Sirolli

Edward de Bono

Réfléchir vite et bien

Traduit de l'anglais par
Hélène Trocmé, Christiane et David Ellis

Traduction révisée et complétée par Stéphanie Ceccato

Nouvelle édition revue et complétée

Deuxième tirage 2008

EYROLLES

Éditions Eyrolles
61, Bld Saint-Germain
75240 Paris Cedex 05
www.editions-eyrolles.com

Mise en pages : Istria

L'édition originale de cet ouvrage a été publiée au Royaume-Uni par BBC Books, an imprint of BBC Worlwide Publishing, Londres, sous le titre *De Bono's Thinking Course*.

La première édition française de cet ouvrage a été publiée aux Éditions d'Organisation sous le titre *Réfléchir mieux.*

Sommaire

Note de l'éditeur

Dans ce livre, Edward de Bono met en garde le lecteur contre les difficultés et les pièges qui le guettent s'il s'engage dans une démarche intellectuelle menée à l'encontre du fonctionnement du cerveau.

Ouverture puis convergence, objectif puis technique appropriée : c'est dans cette successivité que la pensée de l'homme se structure et fonctionne avec efficacité.

Ce livre est destiné à tous ceux qui désirent utiliser efficacement leurs ressources et le potentiel dont ils disposent.

Préface à la nouvelle édition française

L'analyse, la logique et le raisonnement ne suffisent pas. Malheureusement, trop de penseurs croient qu'en effet, ces trois éléments suffisent.

Une recherche menée à l'université de Harvard par David Perkins a démontré que 90 % des erreurs de réflexion sont en fait des erreurs de perception. Si votre perception est erronée, alors vous conclurez à une mauvaise réponse, même si la logique utilisée est parfaite. C'est en fait même pire que cela. Le théorème de Gödel démontre qu'au sein même d'un système, il est impossible de démontrer logiquement les points de départ. Donc ces points de départ, ou d'origine, sont des perceptions et des valeurs arbitraires.

Pendant des siècles, nous avons basé notre réflexion sur la logique et la raison, mais jamais sur la perception. Ce livre contient des outils formels qui tiennent compte de la nature de la perception. Les résultats de mon travail sur la perception sont enseignés aujourd'hui dans des milliers d'écoles à travers le monde et font parti des programmes scolaires officiels de nombreux pays. Il a été prouvé que la réflexion par cette approche a permis de réduire le taux de criminalité de 90 % (Hungerford Guidance Centre, Royaume-Uni). Il a été également prouvé que le taux d'embauche a augmenté de 500 % (New Deal Programme for the Unemployed, gouvernement du Royaume-Uni).

Un exemple flagrant de l'importance de la perception dans la réflexion a été démontré en France par la réaction suscitée par la loi promulguant le Contrat Première Embauche (CPE), qui facilite le renvoi d'un employé de moins de vingt-six ans. Bien que cette loi soit bien intentionnée et logique, elle a été très mal perçue. C'est un parfait exemple de l'importance de la perception. Avoir raison n'est pas suffisant.

Notre réflexion traditionnelle est basée sur le jugement. Nous analysons une situation, nous identifions un élément standard et donnons une réponse standard. Tout comme un médecin : il diagnostique la maladie et ensuite applique le traitement standard.

Nous consacrons beaucoup de temps à l'analyse et pas assez à la conception (design). Pourtant, cette dernière est tout aussi importante. Pour concevoir nous sélectionnons les éléments avec lesquels nous voulons travailler et qui permettront d'aboutir aux valeurs et résultats que nous souhaitons.

Si nous voulons trouver un moyen de lutter contre le chômage, nous pourrions suggérer ceci : les entreprises seraient autorisées à un certain montant de profit défini par nombre d'employés. Si une société veut augmenter ses profits, alors elle doit embaucher plus de personnes. C'est le contraire de ce qui est actuellement fait : on cherche à augmenter les profits en réduisant le nombre d'employés.

L'idée suivante pourrait être considérée pour améliorer la proposition du CPE : pour un emploi dont les paramètres sont déjà établis et en place, la sécurité de l'emploi reste identique à l'« avant CPE », mais pour un nouveau type d'emploi, la sécurité est moindre mais le salaire double. Ainsi un employé choisirait : plus d'argent ou plus de sécurité.

Réfléchir est une compétence complexe. Nos méthodes de réflexion actuelles sont excellentes et indispensables, tout comme la roue arrière d'une voiture peut l'être. Mais il faut plus qu'une roue arrière pour avancer.

Préface à la nouvelle édition française

De manière générale, l'homme n'a jamais réellement appris à réfléchir. Nous excellons dans les domaines de la technologie et de la science parce que le jugement y est suffisant. Par contre, nous sommes médiocres au niveau social et dans nos rapports avec les autres. La démocratie, par exemple, est un système très insuffisant et mal adapté pour générer de nouvelles idées.

En plus de la logique et du raisonnement, nous avons besoin de réflexion perceptive, de réflexion créative, de réflexion conceptuelle et de réflexion constructive.

Ce livre apporte des outils formels qui complètent notre méthode de réflexion telle qu'elle existe déjà. L'intelligence ne suffit pas. L'intelligence peut être comparée à la puissance d'une voiture. La réflexion est la manière dont vous allez conduire la voiture.

Edward de Bono
4 avril 2006

Introduction

Vous pensez probablement que vous réfléchissez bien – la plupart des personnes le croient. Peut-être, au contraire, êtes-vous convaincu que rien ne sortira jamais de vos réflexions. Ou encore vous croyez peut-être qu'il est difficile et fatigant d'améliorer sa capacité de réflexion.

Concrètement, réfléchir mieux est beaucoup, beaucoup plus facile que ce qu'on imagine en général. Tel est l'objet de ce livre.

Trop souvent, nous confondons « sagesse » et « intelligence ». Nous nous attachons à l'intelligence et nous négligeons la sagesse parce que nous croyons que la sagesse vient avec l'âge. Être intelligent, c'est savoir résoudre des puzzles complexes et des questions techniques. Être sage, c'est savoir que penser face aux événements quotidiens – depuis les plus petites décisions jusqu'aux plus importantes.

Je compare volontiers la sagesse à l'objectif grand-angle d'un appareil photo, et l'intelligence à l'objectif grossissant qui permet de voir le détail mais non le paysage entier.

Réfléchir est la véritable ressource de l'humanité. La qualité de notre avenir dépend entièrement de la qualité de notre réflexion. Ceci est vrai à un niveau personnel, organisationnel et mondial.

En règle générale, nos réflexions sont assez pauvres, étroites et égocentriques. Nous croyons que le raisonnement et l'argumentation nous suffisent. Mais dans un monde qui change vite, nous découvrons que notre manière de réfléchir n'est pas adaptée aux défis auxquels nous devons faire face.

Chapitre 1

Réfléchir : une compétence qui s'acquiert

Il existe deux points de vue :

1. Réfléchir est une question d'intelligence. Elle est déterminée par nos gènes. Vous ne pouvez pas plus changer votre niveau d'intelligence que la couleur de vos yeux.
2. Réfléchir est une compétence qui peut être améliorée par l'entraînement, la pratique et l'apprentissage de techniques de perfectionnement. Réfléchir, comme toute autre compétence, peut-être amélioré, si on en a la volonté.

Ces deux points de vue divergents peuvent facilement s'associer.

L'intelligence peut être comparée à la puissance d'une voiture. Il est possible que notre potentiel d'intelligence soit en partie déterminé par nos gènes. Malgré cela, il est clair que l'usage des facultés d'intelligence peut modifier les caractéristiques des enzymes du cerveau, tout comme l'exercice physique peut modifier les caractéristiques des muscles.

La performance d'une voiture ne dépend pas tant de sa puissance que des compétences du conducteur. Par conséquent, si l'intelligence est la puissance de la voiture, alors réfléchir est la compétence qui utilise cette puissance.

L'intelligence est un potentiel. Réfléchir est une compétence.

Si je devais définir « réfléchir », je dirais ceci : « Réfléchir est la technique opératoire avec laquelle l'intelligence exploite l'expérience. »

Si nous poursuivons l'analogie de la voiture, nous aboutissons à deux conclusions importantes :

1. Si vous avez une voiture puissante, vous devez améliorer vos compétences de conducteur. Sinon vous ne profiterez pas pleinement de la puissance disponible. Vous risquez également de présenter un danger pour les autres.

   Les gens très intelligents ont besoin de s'entraîner à la réflexion afin de tirer le maximum d'eux-mêmes et de ne pas gaspiller leur intelligence.

2. Si vous avez une voiture moins puissante, vous devez aussi améliorer votre niveau de conduite afin de compenser le manque de puissance. Ainsi, les personnes qui se considèrent comme peu intelligentes peuvent améliorer leur niveau en s'entraînant à la réflexion.

Le piège de l'intelligence

Plus de trente-cinq ans d'expérience dans ce domaine m'ont convaincu que, généralement, les personnes qui se considèrent très intelligentes ne savent pas nécessairement comment bien réfléchir. Elles se retrouvent coincées dans le piège de l'intelligence. Il existe plusieurs aspects de ce piège mais je n'en mentionnerai que deux.

Une personne très intelligente peut avoir un point de vue sur un sujet et utiliser ensuite son intelligence pour défendre ce point de vue. Plus la personne est intelligente, et mieux elle saura défendre sa position. Mieux la personne peut défendre son opinion, moins elle sera encline à réfléchir à de possibles alternatives ou à écouter d'autres avis. Si vous êtes persuadé d'« avoir raison », pourquoi consacrer votre temps à d'autres opinions ? Ainsi, beaucoup de personnes intelligentes se retrouvent piégées par des idées médiocres parce qu'elles savent très bien défendre leur point de vue et qu'elles s'y cantonnent.

Le second aspect du piège de l'intelligence est que, si une personne a grandi avec la certitude qu'elle est plus intelligente que la moyenne (ce qui peut être effectivement le cas), elle voudra jouir de cette faculté. La façon la plus rapide et la plus sûre de profiter de son intelligence est de « prouver que quelqu'un a tort ». Cette stratégie procure un résultat immédiat et confirme sa supériorité. Se montrer constructif est beaucoup moins gratifiant. Il faut parfois des années pour démontrer le bien-fondé d'une idée. De plus, vous êtes dépendant du fait que votre interlocuteur appréciera votre idée ou non. Il est donc clair que la posture critique et destructrice est un moyen plus séduisant d'utiliser son intelligence. Enfin, cette approche est confortée par l'idée absurde, qui a cours en Occident, selon laquelle la « pensée critique » suffit.

La pratique

Les gens sont amenés à réfléchir tout le temps, d'abord à l'école, ensuite dans leur vie d'adulte. Ils doivent réfléchir dans leur vie professionnelle mais aussi à l'extérieur. On pourrait penser que toute cette pratique contribue à perfectionner la réflexion.

Malheureusement, l'exercice n'améliore pas une compétence de manière systématique.

Prenez l'exemple d'un journaliste qui a tapé des centaines, des milliers de mots par jour. À soixante ans, ce journaliste tape toujours avec deux doigts. À aucun moment, sa pratique de taper avec deux doigts ne l'a transformé en un dactylographe accompli.

De même, si vous pratiquez une réflexion médiocre pendant des années, vous ne serez jamais que très entraîné à une réflexion médiocre.

Si ce journaliste, même à un âge avancé, avait suivi un cours de dactylographie, il serait alors devenu compétent dans ce domaine. De la même manière, pratiquer la réflexion n'est pas suffisant. Il est important de se pencher sur les méthodes de réflexion elles-mêmes. C'est le sujet de ce livre.

1. Réfléchir : une compétence qui s'acquiert

L'éducation

Je crois qu'il n'existe pas dans le monde de système éducatif qui ne se targue pas d'avoir comme principale mission d'« apprendre aux enfants à penser ». Apprend-on réellement aux enfants à penser ?

Si un cuisinier ne sait préparer que des pâtes, cela fait-il de lui un chef ? Si une voiture ne possède que des roues avant, est-elle utilisable ? Je n'ai rien contre les pâtes ni contre les roues avant, mais sont-elles suffisantes ?

Combien d'écoles comptent la « réflexion » parmi les matières de leurs programmes ? Pourquoi pas ? Si la réflexion est si fondamentale, pourquoi n'est-elle pas enseignée de manière explicite ?

Il y a plusieurs « réponses » à cette question.

1. La réflexion, en tant que telle, n'a jamais été enseignée en milieu éducatif, alors pourquoi faudrait-il commencer maintenant ?

   Le système éducatif se retrouve bloqué dans le carcan de la tradition. Les décisionnaires ont une expérience et des valeurs basées seulement sur les acquis du passé. Mais le monde change.

2. Dans un monde stable, on peut se satisfaire de n'enseigner que de l'« information », parce que celle-ci reste valable durant toute l'existence de l'élève. L'information peut vous indiquer quoi faire. La réflexion n'est alors pas nécessaire. Socrate et les autres membres du « gang des trois » (Platon et Aristote) ont déclaré que la « connaissance » était suffisante et qu'une fois que celle-ci était acquise, le reste suivait naturellement.

   Encore une fois, ceci est une absurdité dépassée. La connaissance ne suffit pas. L'aspect créatif, constructif, opérationnel de la réflexion est tout aussi important.

3. Il est considéré que la « réflexion » est déjà enseignée lors de l'instruction d'autres matières : géographie, histoire, sciences, etc. C'est une grave erreur. Certaines compétences comme l'analyse, le tri de l'infor-

mation et l'argumentation peuvent effectivement être passés en revue. Malheureusement, elles représentent une part infime des compétences de réflexion nécessaires en dehors de la vie scolaire. Mais comment le système éducatif le saurait-il ? Mon expérience de plusieurs années dans le monde des affaires a clairement démontré que l'analyse et le raisonnement ne suffisent pas.

4. Il y a ceux qui déclarent sur un ton dogmatique que la réflexion ne peut pas être enseignée, même si les preuves du contraire leur sont fournies. Pour eux, il n'y a pas de « réflexion » pure et simple, mais une « réflexion scientifique » ou une « réflexion historique ».

   Bien qu'il soit vrai que chaque domaine possède ses propres termes, besoins et exemples spécifiques, il existe des processus fondamentaux communs à tous. Par exemple « déterminer les priorités », « rechercher des alternatives », « formuler des hypothèses » et « générer de nouvelles idées » sont applicables à n'importe quel domaine. À la fin de ce livre, vous comprendrez exactement ce que j'entends par là.

5. Il n'existe pas de méthode concrète pour enseigner directement la réflexion.

   Une telle affirmation ne peut être basée que sur l'ignorance. Il existe des méthodes concrètes. Par exemple, le programme Fondation pour la recherche cognitive (également connu sous le nom CoRT, *Cognitive Research Trust*) est enseigné depuis de nombreuses années dans plusieurs pays de diverses cultures et à des niveaux d'éducation différents. Au Venezuela, tous les élèves consacrent deux heures hebdomadaires à la réflexion. En Malaisie, les écoles supérieures scientifiques enseignent la réflexion de façon concrète depuis plus de dix ans. À Singapour, en Australie, en Nouvelle-Zélande, au Canada, au Mexique et aux États-Unis, le programme CoRT est utilisé dans de nombreuses écoles dans diverses régions. Dans le comté de Dade, en Floride (un comté très difficile et le quatrième du pays en superficie), mon séminaire des Six Chapeaux de la réflexion est utilisé depuis des années. La meilleure étude qui ait été faite à ce jour sur l'impact de l'instruction de la réflexion est de loin celle du professeur John Edwards de l'université de James Cooke, à Townesville dans le Queensland en Australie. Il a démontré que sept heures d'enseignement de réflexion peuvent déjà apporter des résultats convaincants. Le Royaume-Uni est, par contre, relativement en retard dans ce domaine.

La pensée critique

Quelques écoles enseignent la « pensée critique » en tant que matière dans leur programme. La pensée critique tient une part importante dans la réflexion mais est totalement inadéquate si elle est utilisée seule. Tout comme la roue avant d'une voiture est indispensable mais inutile si elle est seule.

La pensée critique perpétue le point de vue dépassé sur la réflexion issu du gang des trois. Selon eux, l'analyse, le jugement et l'argumentation suffisent. Il suffirait de « trouver la vérité » et le reste suivrait. Il faudrait simplement se débarrasser du « faux ».

« Critique » vient du grec *kriticos* qui veut dire juge. Bien que le jugement soit légitime et qu'il ait une valeur, il lui manque les aspects générateurs, productifs, créatifs et conceptuels de la réflexion, qui sont vitaux. Six penseurs brillamment formés assis autour d'une table ne produiront rien de bon tant qu'une proposition constructive ne sera pas avancée. Celle-ci pourra être alors critiquée par tous.

Beaucoup des problèmes contemporains persistent dans le monde du fait que l'éducation traditionnelle croit toujours – à tort – que l'analyse, le jugement et l'argumentation suffisent.

Le succès des sciences et des technologies ne vient pas de la pensée critique mais des « possibilités » envisagées. Envisager des possibilités permet de devancer l'information pour créer des hypothèses et des visions. Cette approche définit un cadre dans lequel évoluer et au travers duquel observer. La pensée critique joue un rôle très important car, si vous savez que votre suggestion risque d'être critiquée, alors vous allez chercher à l'améliorer. Mais la destruction critique d'une suggestion n'engendre pas une suggestion meilleure. La créativité, elle, génère les meilleures hypothèses.

Culturellement, il est nécessaire et urgent de nous défaire de cette idée reçue que la pensée critique suffit. Tant que nous le croirons, nous ne prêterons pas l'attention nécessaire aux aspects créatifs, constructifs et conceptuels de la réflexion.

La perception

En dehors de ses aspects très techniques, la perception est la partie la plus importante de la réflexion. La perception est notre regard sur le monde. Elle traduit ce qui est important pour nous, notre façon de structurer le monde qui nous entoure.

Le professeur David Perkins de l'université de Harvard a démontré que les erreurs de réflexion sont en fait des erreurs de perception. En pratique, les erreurs de logique sont rares. Malgré tout, nous persistons à croire que réfléchir consiste uniquement à éviter les erreurs de logique.

Aux débuts de l'informatique est apparu l'acronyme GIGO. Il signifiait *Garbage In Garbage Out*, soit : « La qualité d'entrée est égale à la qualité de sortie. » Ce qui veut dire que, même si un ordinateur fonctionne parfaitement, vous obtiendrez n'importe quoi si vous introduisez n'importe quoi dans le système.

La même chose s'applique à la logique. Si votre perception est limitée, alors une logique parfaite vous donnera une mauvaise réponse. Une logique incorrecte entraîne une réflexion incorrecte. Tout le monde est d'accord sur ce point. Mais le contraire est faux. Une bonne logique n'entraîne pas forcément une bonne réflexion. Si la perception est mauvaise, la bonne logique vous donnera une mauvaise réponse. Il y a même le danger supplémentaire que la bonne logique donne de mauvaises raisons arrogantes avec lesquelles défendre une mauvaise réponse.

À l'opposé de la plupart des livres traitant de la réflexion, celui-ci ne traite pas de la logique mais de la perception.

Il paraît très probable maintenant que la perception fonctionne comme un « système d'information auto-organisé » (voir les livres *The Mechanism of the Mind* et *I Am Right You Are Wrong*). De tels systèmes créent des modèles de réception et de traitement de l'information qui est reçue. Notre réflexion se trouve alors conditionnée par ces modèles. Il nous faut donc des moyens d'élargir et de modifier notre perception (créativité). Ce sont ces outils qui sont présentés dans cet ouvrage.

Les outils

Les charpentiers ont des outils qu'ils apprennent à manier. Le marteau, la scie, le rabot et la perceuse ont chacun leur utilité. Chaque outil remplit une fonction définie. Le charpentier expérimenté sait lequel utiliser en fonction de la tâche à accomplir.

De la même manière, des outils de réflexion fondamentaux sont expliqués dans ce livre. Ils sont simples à comprendre et très efficaces.

Vous pouvez découvrir ces outils et vous entraîner à les utiliser. Lorsque vous les maîtriserez, vous pourrez les appliquer à n'importe quelle situation.

Ces outils sont principalement des « directeurs d'attention ». Vous pouvez diriger votre attention, la guider à votre guise. Sans eux, notre attention suit les modèles prédéfinis par notre expérience, et nous y restons enfermés.

Cette méthode est utilisée depuis plus de trente ans et a fait ses preuves. Elle est facile à comprendre, à apprendre et à mettre en application. La méthode des outils est plus simple et plus efficace que n'importe quelle autre méthode d'apprentissage de la réflexion.

Enseigner aux personnes le moyen d'éviter de faire des erreurs est très limité. Vous pouvez éviter toute erreur de conduite en laissant votre voiture au garage.

Débattre et discuter d'un sujet peut permettre de réfléchir mais ne donne aucune technique rigoureuse. Suivre la réflexion d'un professeur brillant pourrait fonctionner, mais il faudrait entretenir le contact sur la durée avec lui et que les professeurs les plus remarquables soient disponibles.

Chaque outil est très simple à apprendre. Une fois compris, il peut être appliqué explicitement.

Notre esprit logique est rempli de concepts « descriptifs » tels que table, magasin, livre, éducation, etc. Les outils de réflexion fournissent à notre esprit des concepts « exécutifs » pour que l'on puisse lui apprendre la façon dont on veut qu'il fonctionne. Réfléchir est une compétence qui peut s'améliorer – si on en a la volonté.

L'utilisation d'outils est un moyen convaincant et efficace pour améliorer cette compétence. Les plus élémentaires sont décrits dans ce livre. Ils sont tous extraits du programme CoRT (*Cognitive Research Trust* – Fondation pour la recherche cognitive) qui est applicable dans le milieu éducatif quel que soit le niveau d'âge et de qualification.

Chapitre 2

Le PMI (Plus, Moins, Intéressant)

Il ne sert à rien d'exhorter les personnes à avoir un point de vue objectif. L'effet ne dure pas. La plupart des personnes d'ailleurs disent avoir toujours un regard objectif. Ce qu'elles ne font pas en pratique.

Le premier outil de réflexion concerne l'élargissement du champ de perception. Dans ce livre, un nom est donné à chaque outil afin de renforcer son identité et de faciliter l'apprentissage de sa fonction spécifique. Ceci n'est pas possible avec des noms mis les uns à la suite des autres. Les outils doivent être pratiques et simples d'utilisation. Certains de leurs aspects peuvent ne pas paraître évidents mais trouvent leur justification par la suite.

Un jour, j'ai demandé à soixante-dix adultes, d'un niveau intellectuel élevé, de faire une rédaction sur le thème suivant : « Tout mariage sera conclu sur la base renouvelable d'un contrat de cinq ans. » Soixante-sept d'entre eux exprimèrent leur opinion dans la première phrase de leur rédaction et consacrèrent le reste à défendre leur point de vue. À aucun moment, le sujet n'avait été exploré, si ce n'est pour défendre une opinion forgée *d'avance*. C'est d'ailleurs la méthode qu'on recommande parfois à l'école pour les rédactions.

Comme je l'ai déjà indiqué, une des grandes erreurs de la démarche intellectuelle, c'est de l'employer pour défendre une opinion déjà formée (première impression, manque de réflexion, préjugé ou tradition). C'est là un des principaux pièges de l'intelligence – et les personnes intelligentes sont exposées à ce danger plus que les autres. Elles sont capables de défendre leur point de vue avec tant de talent qu'une exploration réelle du sujet leur semble une perte de temps. Si vous savez que vous avez raison, si vous pouvez le démontrer, alors à quoi bon explorer le sujet ?

Le PMI est un outil de réflexion puissant et si simple qu'il est presque impossible de l'acquérir : chacun croit l'employer de toute façon. Les lettres PMI ont été choisies pour donner un sigle facile à prononcer. On peut demander aux autres – ou à soi-même – de « faire un PMI ».

P = « Plus », c'est-à-dire les points positifs, les bons aspects.

M = « Moins », les points négatifs.

I = « Intéressant », les points dignes d'intérêt.

Le PMI est un outil destiné à diriger l'attention. Lorsque vous faites un PMI, vous dirigez consciemment votre attention sur les points positifs, puis négatifs, puis dignes d'intérêt. Cela se fait de façon consciente et méthodique, et cela dure de deux à trois minutes en tout.

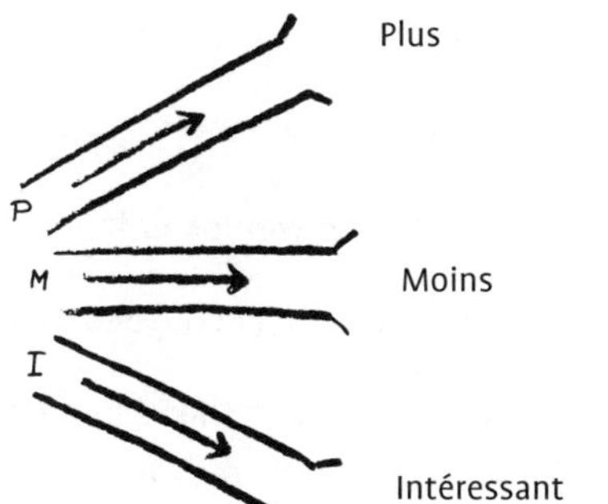

Le PMI est la première des leçons CoRT. On la place en premier, car les principes du PMI doivent être bien intégrés avant de passer aux autres leçons. C'est le PMI qui nous met dans un contexte d'objectivité, de repérage et de détection, comme nous le verrons plus loin.

On m'a demandé un jour de présenter une leçon CoRT à un groupe d'éducateurs à Sydney, en Australie. Avant de commencer, j'ai demandé à un groupe de trente garçons de dix à onze ans leur opinion sur la proposition suivante : être payé cinq dollars par semaine pour aller en classe. Tous se montrèrent enthousiastes et commencèrent à m'expliquer ce qu'ils feraient de l'argent (bonbons, bandes dessinées, etc.). Je leur expliquai ensuite ce qu'était un PMI et leur demandai de faire passer la suggestion des cinq dollars au crible des Plus, Moins, Intéressant. Ils devaient se mettre par groupes de cinq, et, au bout de trois minutes, l'un d'entre eux devait donner les résultats. Cela donna les points suivants :

- les plus grands les battraient pour leur prendre l'argent ;
- les parents ne feraient plus de cadeaux et ne donneraient plus d'argent de poche ;
- les écoles augmenteraient le prix des repas ;
- il faudrait décider qui fixerait le montant pour chaque groupe d'âge ;
- on se disputerait et il y aurait des grèves ;
- d'où viendrait l'argent ?
- il y aurait moins d'argent pour payer les professeurs ;
- il n'y aurait plus d'argent pour que l'école achète un minibus.

À la fin de l'exercice, nous leur avons demandé de redonner leur opinion sur ce projet. Alors qu'auparavant trente sur trente étaient pour, on s'aperçut alors que vingt-neuf sur trente avaient complètement révisé leur point de vue et étaient désormais opposés au projet. Il faut noter que ce changement était intervenu en utilisant une méthode très simple de repérage employée par les jeunes eux-mêmes. Je n'étais pas intervenu et je n'avais plus dit un seul mot sur le sujet débattu.

Imaginez qu'on vous demande de faire un PMI sur le projet suivant : « Toutes les voitures devraient être peintes en jaune. » Cela donnerait à peu près ceci :

P

- plus facile à voir sur la route ;
- plus facile à voir la nuit ;
- pas de problèmes de choix de la couleur ;
- pas d'attente pour la couleur désirée ;
- plus facile pour le fabricant ;
- le concessionnaire réduirait ses stocks ;
- fin de l'élément « macho » chez les propriétaires de voitures ;
- réduction de la voiture à un simple moyen de transport ;
- en cas d'accrochage, même couleur de peinture sur votre carrosserie.

M

- monotone ;
- difficile de reconnaître votre voiture ;
- très difficile de la retrouver dans un parking ;
- plus facile à voler ;
- trop de jaune fatigue les yeux ;
- poursuites de voitures plus difficiles pour la police ;
- témoignages d'accidents plus difficiles ;
- restriction de votre liberté de choix ;
- faillite de certaines entreprises de peinture.

I

Il serait intéressant de voir :

- si différentes nuances de jaune apparaîtraient ;
- si les gens seraient sensibles au facteur sécurité ;

- si les attitudes vis-à-vis de la voiture changeraient ;
- si les finitions/gadgets seraient de la même couleur ;
- si cette mesure pourrait être appliquée ;
- qui soutiendrait cette proposition.

Le procédé est facile à suivre. Ce qui n'est pas facile, c'est de diriger son attention dans une direction, puis dans l'autre, alors qu'on a déjà pris parti sur la question. C'est cette *volonté* de regarder dans une direction qui est si importante. Lorsqu'on y parvient, ce n'est plus qu'un défi normal lancé à l'intelligence pour trouver autant de « plus », « moins » et « intéressant » que l'on veut. Ainsi il y a changement de direction : au lieu d'utiliser l'intelligence pour soutenir un parti pris quelconque, il s'agit de s'en servir pour explorer une proposition.

À la fin de cette exploration, on peut laisser peser émotions et sentiments sur le choix de la décision. Mais ce sera différent : l'affectivité intervient *après* l'exploration et non pas avant, ce qui aurait *empêché* l'exploration elle-même.

Repérage

Nous appelons quelquefois la méthode CoRT la « méthode des lunettes ». En donnant au myope les lunettes qui lui conviennent, on lui permet de voir plus loin et plus nettement. Les réactions de la personne correspondront alors à ce qu'elle distingue désormais plus clairement. Elle appliquera le même système de valeur qu'auparavant mais en y voyant plus clair. Des techniques de réflexion comme le PMI agissent exactement comme des lunettes : on voit plus loin, plus nettement. Ensuite, on réagit à ce qu'on voit.

Une fillette de dix ans me dit un jour qu'elle avait, au début, trouvé le système PMI très artificiel puisqu'elle savait déjà ce qu'elle pensait du sujet. Elle avait néanmoins noté la liste des points « plus », « moins »,

« intéressants » et elle était surprise de réagir à ce qu'elle avait noté. Cela avait amené un changement radical de son point de vue. C'est exactement ce qu'on cherche à faire. Une fois émise et notée dans une de ces trois rubriques, une idée ne pourra plus être ignorée, et elle viendra influencer la décision finale.

Un jour, un garçon me dit que, pour les voitures jaunes, être obligé de les nettoyer plus souvent serait un argument « plus ». Un autre me dit alors que l'idée serait à classer dans les points négatifs, puisque c'est lui qui lavait la voiture de son père. Les deux points de vue se justifiaient. Dans le PMI, nous ne tenons pas compte des valeurs qui résident dans l'argument lui-même. Il ne s'agit pas d'un jugement de valeur. Nous cherchons les éléments qui apparaissent quand nous regardons dans une direction puis dans l'autre. La différence est capitale.

Une fillette regarde vers le sud et voit un clocher. Un autre enfant, qui se trouve ailleurs, regarde au nord et voit le même clocher. Le clocher est-il au sud ou au nord ? Les deux, évidemment. C'est la même chose avec le PMI. « Plus » représente une direction possible, exactement comme le nord. Nous regardons dans cette direction, nous voyons ce que nous voyons et nous le notons. Ensuite nous regardons dans une autre direction et faisons de même. Le but est de réaliser un repérage efficace et non pas d'accorder des valeurs.

Certains me demandent si on peut prendre les arguments comme ils se présentent et, après les avoir évalués, les mettre dans des boîtes étiquetées « Plus », « Moins », « Intéressant ». Cette démarche est fausse et va à l'encontre du principe PMI. Évaluer les arguments comme ils se présentent est un exercice de jugement. *Regarder* dans une direction puis dans l'autre est un exercice de repérage. Il est même possible que l'activité chimique du cerveau soit différente selon qu'on explore les côtés positifs ou négatifs d'un sujet.

Parce qu'il illustre si bien la technique du repérage, le PMI est presque un mini-cours de réflexion à lui tout seul.

Digne d'intérêt

L'élément « I » – Intéressant – du PMI a plusieurs fonctions. Il peut rassembler tous les arguments ou éléments qui ne sont ni positifs ni négatifs. (Notez qu'un argument peut très bien être perçu comme positif et négatif. On pourra sans problème le ranger dans les deux catégories.) Le « I » encourage l'habitude systématique d'explorer un sujet en dehors du cadre formel des jugements de valeur, pour voir ce qui est intéressant dans cette idée ou pour voir jusqu'où elle peut conduire. Une phrase toute simple peut aider dans cet exercice : « Il serait intéressant de voir si... » Ainsi la personne qui réfléchit est encouragée à élargir l'idée au lieu de la traiter de manière statique.

Un autre aspect de la rubrique « I » est de voir si l'idée de base peut aboutir à une autre idée. Cette notion de « valeur dynamique » de l'idée sera traitée en profondeur dans le chapitre sur la pensée latérale. Finalement « I » nous apprend à réagir en fonction de l'intérêt et non de ce qu'on ressent au sujet d'une idée. Dans sa réflexion, la personne doit pouvoir dire : « Je n'aime pas votre idée mais en voici les points intéressants. » On sait par expérience que ce genre de réaction est tout à fait inhabituel !

Comment utiliser un PMI

Beaucoup de gens prétendent qu'ils font déjà des PMI. C'est peut-être vrai dans des situations où l'on ne sait que faire. Mais cela n'est pas le but véritable du PMI. Au contraire, le PMI devrait surtout être employé quand nous n'avons *aucun doute* sur la situation, quand nous avons immédiatement fait notre choix – comme les élèves de Sydney face au problème des cinq dollars par semaine. Le PMI est un état d'esprit qui nous oblige à examiner systématiquement tous les aspects d'une situation, alors que normalement on estimerait cela inutile.

Par exemple, vous pouvez demander à quelqu'un de faire un PMI lorsqu'il a rejeté votre proposition comme étant sans valeur. Le PMI est utile car il est moins direct qu'un désaccord total ou un affrontement. Avec le PMI, vous demandez à la personne de faire la preuve de son intelligence en se livrant à un examen approfondi du sujet. Ce qui n'est pas du tout lui demander de changer d'opinion. En général, d'ailleurs, la personne n'hésitera pas à faire un PMI, persuadée que cela ne peut que renforcer son point de vue.

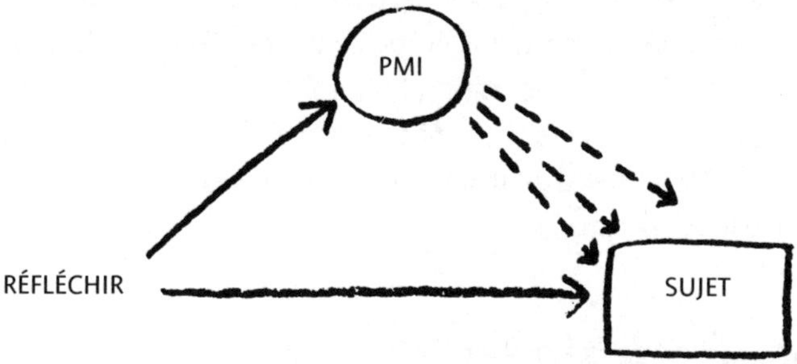

J'ai fait un jour une expérience avec cent quarante cadres supérieurs. Je les ai divisés en deux groupes, au hasard, en tenant compte de leur date de naissance (paire ou impaire). Ensuite, j'ai soumis à chaque groupe une proposition qu'ils devaient discuter, adopter ou rejeter. Au premier groupe, j'ai donné l'idée d'une monnaie datée : la monnaie porterait la date de l'année, et le taux de change varierait selon les dates. Au deuxième groupe, j'ai demandé de discuter d'un mariage renouvelable par contrat de cinq ans. Les résultats furent rassemblés, puis on échangea les questions. Mais cette fois-ci on avait expliqué le PMI et chacun avait reçu la consigne de l'appliquer avant de prendre sa décision. Si le PMI avait été appliqué la première fois, il n'y aurait eu aucun changement. Mais un changement est intervenu ; avant le PMI, 44 % étaient pour la monnaie datée ; après le PMI, 11 % seulement. Pour le projet de contrat de mariage, ce fut l'inverse : avant le PMI, 23 % pour ; après le PMI, 38 %.

Faire un PMI ne consiste pas à faire la liste des points pour et contre, ce qui tend à être un jugement de valeur. L'introduction de la rubrique « I » (digne d'intérêt) permet d'envisager les choses sous un angle qui n'est pas forcément *positif* ou *négatif*.

Deux étapes

En résumé, au lieu de réagir à la situation donnée et ensuite de justifier sa réaction, on réfléchit en deux étapes. La première est de procéder de manière délibérée à une opération PMI. La deuxième est d'observer et de réagir en fonction des résultats obtenus avec le PMI. La démarche est la même lorsqu'on prépare un itinéraire et qu'on réagit, ensuite, en fonction de ce qui est sur la carte.

S'entraîner à faire un PMI

Ce n'est pas parce que le PMI paraît simple qu'il faut le sous-estimer. Je l'ai vu employé dans une réunion particulièrement passionnée où il a permis de passer d'un débat partisan à une véritable analyse du sujet. Une fois que l'on a orienté sa perception dans une certaine direction, on ne peut que voir. Et ce qui a été vu reste perçu.

La clé de tout cela est l'entraînement. Entraînez-vous au PMI, demandez aux autres personnes d'en faire aussi. Cela peut devenir rapidement un réflexe simple. L'ordre d'utilisation des lettres est important afin de bien diriger la réflexion. Demander à quelqu'un de faire une liste de points positifs et de points négatifs est bien insuffisant pour être efficace.

Vous pouvez vous entraîner au PMI avec les six sujets proposés qui suivent. Trois minutes devraient être consacrées à chaque PMI. Ces exercices peuvent se faire de manière individuelle ou en petits groupes de discussion.

2. Le PMI (Plus, Moins, Intéressant)

1. Chacun devrait porter un badge spécifique en fonction de son humeur.
2. Chaque enfant devrait adopter une personne âgée et s'en occuper.
3. Les jeunes délinquants seraient envoyés en prison le temps d'un week-end.
4. Le contribuable pourrait décider quelles dépenses publiques ses impôts devraient couvrir.
5. Les magnétoscopes et les lecteurs DVD contiendraient une puce spéciale qui empêcherait de regarder des films violents.
6. Les voitures seraient interdites en centre-ville.

Chapitre 3
Alternatives

Lorsqu'on pense, on tend tout naturellement à défendre un point de vue auquel on est arrivé par d'autres moyens que la réflexion. C'est ce qui donne à l'outil PMI toute son importance : il va à l'encontre de cette tendance naturelle. D'une manière strictement identique, la recherche délibérée d'autres choix joue un rôle d'une extrême importance dans le « savoir-réfléchir ». Cette recherche va contrarier la tendance naturelle qui nous pousse à rechercher les certitudes et la sécurité, et nous conduit à l'arrogance intellectuelle. Cela vient de notre activité cérébrale qui fonctionne selon un système d'élaboration et d'utilisation de structures. Cet aspect sera développé plus loin. Reconnaître et identifier avec certitude est un besoin fondamental du cerveau. L'action devient alors possible. Mais, confrontée à un faisceau d'options, l'action devient difficile (car comment agir dans plusieurs directions à la fois ?), voire impossible, si certaines directions sont opposées. Les alternatives sont souvent interprétées comme de l'indécision.

On peut illustrer cela par la métaphore du médecin. Un bon médecin, c'est celui qui sait diagnostiquer la maladie et trouver le traitement approprié. En tant que malade, que préférerez-vous ? Un médecin qui se précipite, fonde son diagnostic sur son expérience considérable, le maintient quoi qu'il arrive et vous traite en conséquence, totalement sûr de lui. Ou un médecin qui vous examine avec soin, envisage toutes les hypothèses possibles, les vérifie à l'aide d'analyses pour finalement arriver à un diagnostic et un traitement en conséquence – tout en gardant l'esprit ouvert à une modification du premier diagnostic. Dans la réalité, vous préférerez sans doute le premier médecin, si sûr de lui. Vous ne voudriez certainement pas que le second vous fasse part de ses doutes, de son indécision et de sa perplexité. Intellectuellement, cependant, vous admettrez que la grande confiance du premier pourra jouer en votre défaveur s'il se trompe lourdement sur votre cas.

Le cerveau a tendance à fonctionner comme le premier médecin, parce que la vie n'attend pas et qu'une foison d'options mène trop souvent à l'hésitation et à l'indécision.

Cette tendance naturelle de notre cerveau nous conduit à la nécessité de mettre au point un outil conscient. Comme pour le PMI, nous devons nous armer d'une méthode concrète que nous pourrons employer nous-mêmes ou avec les autres, chaque fois qu'une recherche d'options s'imposera. Cet outil, c'est l'APC (A = Alternatives, P = Possibilités, C = Choix). Nous allons voir comment utiliser cet outil dans la pratique.

Les choix faciles

Quelquefois, il est drôle et facile de chercher des solutions de rechange. Chaque nouvelle option qu'on découvre vous donne un certain plaisir. Le dessin ci-dessous ne représente rien en particulier. Vous devez faire une liste de tout ce qu'il peut représenter. Amusez-vous à le faire et ajoutez vos suggestions à celles que nous vous donnons :

- deux ballons d'enfant gonflés à l'hélium ;
- des beignets sur des bâtons ;

- des sucettes ;
- des fleurs ;
- des arbres ;
- une cible (vue par quelqu'un qui louche) ;
- deux tuyaux vus par un bout ;
- un patin à roulettes (sur le dos) ;
- des œufs sur le plat vus d'en haut ;
- deux cuisiniers vus d'en haut préparant des œufs au plat...

C'est amusant et ne présente pas de difficulté particulière. Toutefois, trouver *toutes* les possibilités est difficile. Très souvent, ce qui paraît par la suite évident nous échappe complètement jusqu'à ce que quelqu'un d'autre le suggère.

Prenez le cas d'un verre plein d'eau, sur une table. Vous devez vider ce verre sans le casser et sans l'incliner. Combien de solutions voyez-vous ? Faites votre propre liste avant de la comparer à celle qui suit :

- siphonner ou aspirer l'eau ;
- la faire sortir en soufflant dessus ;
- mettre du savon liquide et faire des bulles ;
- par capillarité (avec un chiffon) ;
- la faire bouillir et évaporer ;
- la faire geler et enlever le bloc de glace ;
- la centrifuger ;
- mettre du sable, des cailloux dans le verre jusqu'à ce qu'il n'y ait plus d'eau ;
- utiliser une éponge ;
- utiliser un ballon plein d'eau pour faire déborder le verre et ensuite le retirer...

Évidemment la tâche est aisée puisqu'on n'est gêné par aucune contrainte d'ordre pratique, financier ou ménager.

3. Alternatives

Les choix plus difficiles

Il y a plusieurs années, j'assistais à un dîner, à Trinity College, et j'étais assis à côté du professeur Littlewood, un célèbre mathématicien. Nous discutions de la possibilité de faire jouer des ordinateurs aux échecs. Nous étions d'accord pour reconnaître la complexité de l'opération due au très grand nombre de pièces et de déplacements possibles. Il nous apparut comme un défi d'inventer un jeu qui serait à la fois simple et qui exigerait cependant un certain degré d'habileté. Pour répondre à ce défi, j'ai inventé le jeu du L, dans lequel chaque joueur n'a qu'un pion en forme de L. Lorsqu'arrive son tour de jouer, le joueur peut placer son pion dans n'importe quelle position vacante (en le soulevant, en le retournant, etc.). Après avoir déplacé son « L », il peut aussi, s'il le veut, déplacer l'une des pièces neutres (les cercles sur le croquis). Le but du jeu est de bloquer le « L » de l'adversaire de façon à l'empêcher de faire tout autre déplacement.

Le croquis ci-dessous illustre le jeu et sa position de départ. Combien de possibilités sont offertes au joueur qui commence ? J'arrive à soixante mais en tenant compte aussi des mouvements des pièces neutres. Mais même les déplacements possibles des seules pièces en L ne sont pas évidents pour qui ne connaît pas le jeu.

Autre problème : de combien de manières pouvez-vous diviser un carré de façon à obtenir quatre morceaux de forme, taille et surface identiques ? La plupart des gens en trouvent péniblement six ou sept. Il y a, en fait, un nombre infini de solutions. On peut également obtenir cette variété infinie de formes de plusieurs façons.

Certaines solutions ne sont pas d'une approche facile. Mais après coup elles paraissent toutes évidentes.

La vraie difficulté

Quand on se met sérieusement à chercher des alternatives, il n'est vraiment pas très difficile d'en trouver quelques-unes. Il est plus difficile d'en trouver beaucoup et pratiquement impossible de les trouver toutes. Mais la vraie difficulté, c'est de se mettre à les rechercher.

Récemment, je devais prendre tôt le matin l'avion Los Angeles-Toronto. J'avais donc réglé mon radio-réveil à 4 h 30. À l'heure dite, le réveil sonne. Conscient de l'heure matinale et respectueux du sommeil de mes voisins, j'appuie sur le bouton destiné à permettre quelques minutes de sommeil supplémentaires. Rien ne se produit. J'appuie alors sur le bouton « arrêt ». Toujours rien. Je mets l'appareil en position radio : rien. Je modifie l'heure de réveil : sans succès. Je débranche la radio, sans résultat (ce qui n'est pas étonnant, car ces appareils sont équipés de piles pour fonctionner malgré les pannes de courant). Je mets un oreiller sur le poste : rien à faire. Deux possibilités m'étaient alors offertes : appeler la réception en leur demandant humblement comment arrêter le poste ou jeter l'engin dans un seau d'eau. Ce n'est qu'à ce moment-là et par pur hasard que j'ai réalisé que ce bourdonnement ne venait pas du tout du radio-réveil mais de mon autre petit réveil que j'avais réglé et complètement oublié.

La morale de cette histoire, c'est qu'à aucun moment je n'ai pris le temps de me demander si ce bruit pouvait provenir d'une *autre* source. Il me semblait si évident que l'origine du bruit était le radio-réveil que je ne me suis pas inquiété de chercher d'autres explications. Si je l'avais fait, je me serais épargné beaucoup de peine. Et tout ceci est arrivé à quelqu'un qui se considère parfois inventif...

Une autre anecdote rachète un peu cette histoire. Lors d'un séminaire que je donnais en Australie, un cadre supérieur en informatique semblait avoir de la difficulté à saisir les buts de la « pensée latérale ». Après la pause-café, le deuxième jour, il m'aborda avec enthousiasme en me disant : « Depuis vingt-cinq ans, je mets deux sachets de sucre dans mon café. J'ai toujours ouvert un sachet après l'autre. Aujourd'hui, apparemment sans y réfléchir, je me suis surpris à les mettre l'un contre l'autre et à les déchirer tous les deux d'un seul coup. Beaucoup plus simple ! »

Dans ces deux histoires, la vraie difficulté n'était pas de trouver une autre solution mais de *se mettre* à en chercher une.

Aller au-delà de l'acceptable

Voici une expérience qui a marché chaque fois que je l'ai faite. Sur le sol, on place deux petites planches, chacune percée d'un trou et munie d'une ficelle. Il faut arriver à traverser la pièce en se servant des planches mais sans que les vêtements ni le corps ne touchent le sol.

Parfois la personne se met debout sur l'une des planches, pousse l'autre en avant, transfère son poids sur celle-ci récupère la première et ainsi de suite. Il se sert des planches comme on se sert des pierres d'un gué. Cela marche bien mais c'est lent.

Plus souvent, on se sert de la ficelle pour fixer une planche à chaque pied et on traverse la pièce comme sur des skis ou des raquettes.

Ce qui marche beaucoup mieux – mais je n'ai vu personne adopter cette solution spontanément –, c'est de laisser de côté l'une des planches, d'attacher la ficelle à l'avant de l'autre, de caler ses pieds en utilisant la ficelle et de traverser la pièce rapidement en sautillant.

La solution de la glissade paraît tellement évidente et adéquate qu'il ne semble pas nécessaire d'en chercher une autre. La satisfaction que donne une démarche ou une solution « acceptable » est l'obstacle le plus important à toute recherche d'une solution meilleure.

Dans un livre précédent, *Practical Thinking*, j'ai parlé de ce que j'appelle « l'effet Vénus des chaumières ». Les habitants d'un village éloigné (avant l'époque de la télévision) sont persuadés que la plus belle fille de leur village est la plus belle fille du monde. Ils ne peuvent pas concevoir qu'il existe une fille plus belle avant de l'avoir effectivement rencontrée. Il n'en va pas autrement dans le monde de la science, de l'industrie, de la politique, etc. Nous nous contentons de ce que nous avons parce que nous ne pouvons rien imaginer de mieux. Et tant que nous ne l'avons pas imaginé, nous ne sommes pas tentés de le rechercher. Ce n'est qu'en reconnaissant ce fait et par un acte de « volonté » que nous nous mettrons à chercher d'autres solutions, sachant que, souvent, nous ne trouverons rien de mieux. Mais nous devons être prêts à investir le temps nécessaire à cette recherche.

Dans ce même livre, j'ai proposé ce que j'appelle « la deuxième règle de Bono ». Elle dit simplement : « Une certitude n'est souvent qu'un manque d'imagination. »

Souvent une hypothèse ou une explication nous convainquent uniquement parce que nous ne pouvons pas en imaginer d'autres. Un exemple classique est celui de la théorie de Darwin sur l'évolution des espèces. Elle est plausible, rationnelle et meilleure que toute autre. Elle est également impossible à démontrer. Notre certitude vient de notre impossibilité à imaginer un mécanisme meilleur. De la même façon, nous rejetons la théorie de l'évolution de Lamarck parce que nous ne pouvons pas concevoir comment elle pourrait se produire. Une partie de la théorie de Darwin est une tautologie : « Si un organisme survit, c'est qu'il devait survivre. » Quant au mécanisme du changement, il pourrait fort bien se produire dans des virus ou des bactéries dont les générations se succèdent des milliers de fois plus vite que chez les animaux. Ce changement se produit chez l'animal par transfert génétique (que nous savons possible). Nous pourrions aussi avoir une évolution non génétique par induction et suppression chimiques transmises de la mère à l'enfant sans interruption (ceci conduirait au lamarckisme).

D'une manière générale, ce sont les théories scientifiques satisfaisantes pour l'esprit qui constituent les plus grands obstacles au progrès. D'un autre côté, il serait tout à fait irréaliste d'ouvrir les vannes à toutes sortes de théories fumeuses et extravagantes.

En pratique, nous conservons une hypothèse scientifique jusqu'à ce qu'on puisse la rejeter. Ensuite, nous passons à une hypothèse meilleure. Pour rejeter l'hypothèse, nous réalisons des expériences par lesquelles nous espérons en fait la confirmer (telle est la nature humaine et tels sont les besoins de notre ego). Mais cette démarche est faussée : c'est l'hypothèse de départ qui détermine nos perceptions et le genre de preuve que nous cherchons. C'est ainsi qu'il faut souvent soit une erreur ou un accident, soit un coup de chance pour tomber sur la preuve évidente, celle que nous n'aurions jamais cherchée en nous en tenant à l'hypothèse orthodoxe. Alors, que faire ? Il faut simplement changer de registre. Au lieu de nous en tenir aux meilleures hypothèses, nous nous efforcerons d'en générer d'autres – non pas pour les rejeter au bénéfice de la meilleure, mais pour nous donner une vision plus large du problème. Malheureusement, les scientifiques – et ils ne sont pas les seuls – ne se sont jamais particulièrement préoccupés des mécanismes de la réflexion.

L'APC (Alternatives, Possibilités, Choix)

Comme je l'ai déjà mentionné, l'APC signifie : Alternatives, Possibilités, Choix. En certains cas, l'un ou l'autre terme conviendra mieux, mais il ne faut pas essayer de faire une distinction entre eux. Faire un APC veut dire : se mettre de façon consciente à formuler des hypothèses différentes sur un sujet donné.

Comme le PMI, l'APC n'a qu'un rôle : actualiser le désir de chercher des solutions différentes « à ce point précis ». Ça n'a rien de compliqué et pourtant c'est très efficace. L'APC convertit un vague désir en une instruction d'action spécifique (ou « concept exécutoire »).

Voyons maintenant quelques situations où l'on pourrait faire un APC.

Explication

On aperçoit un jeune homme en train de verser des cannettes de bière dans un réservoir d'essence à une station-service. Faisons un APC : comment expliquer ce comportement ? Voici quelques hypothèses auxquelles vous pourrez ajouter les vôtres :

- ce n'est pas sa voiture et il fait du sabotage ;
- il est ivre ;
- c'est une opération publicitaire pour une marque de bière ;
- c'est de l'essence mais, les pompes étant en panne, il se sert de cannettes de bière ; etc.

Que ce soit en jugeant le comportement d'autrui, en essayant d'expliquer un renversement de tendance politique, ou en étudiant les fluctuations du marché, nous devons imaginer des explications différentes, même absurdes ou improbables. Nous chercherons non pas l'explication la plus vraisemblable, mais la plus vraisemblable *et aussi* un certain nombre d'autres. L'explication est un domaine où l'on se laisse facilement prendre au piège de l'acceptable.

Hypothèse

Apparemment, les hommes fument de moins en moins et les femmes davantage. Faites un APC et proposez quelques hypothèses expliquant ce phénomène.

3. Alternatives

Il y a des cas où l'hypothèse équivaut à une explication. Généralement l'explication concerne un seul exemple ou événement, alors que l'hypothèse s'applique à un processus ou une tendance. Comme je l'ai déjà dit, nous devons continuer à fabriquer des hypothèses de rechange même si nous estimons déjà tenir la « bonne », la « vraie ».

Perception

En Nouvelle-Zélande, je parlais à un groupe d'industriels chevronnés de leurs chances de développement économique. Beaucoup se plaignaient de la multitude des règlements et des restrictions légales rendant difficile l'essor économique. Mais l'un d'entre eux voyait les choses autrement. Il accueillait ces réglementations favorablement, car, disait-il : « Si vous apprenez à vous en sortir, vous prenez une longueur d'avance sur vos concurrents et sur les nouveaux arrivants qui, eux, ne s'y retrouvent pas. Ces règlements sont donc à mes yeux un élément qui favorise nos chances de développement. »

Un projet de recherche fut abandonné, accusé d'être une perte d'argent, pour avoir voulu démontrer que, dans les écoles où il y a une piscine, les enfants passent plus de temps à nager. Faites un APC : comment pouvait-on présenter le projet sous des angles différents ?

Face aux problèmes

Lorsqu'on se trouve face à un problème, l'APC peut être réalisé à plusieurs stades : d'abord, lorsqu'il s'agit de définir le problème. On n'arrive à la définition d'un problème qu'en trouvant la solution et en remontant ensuite jusqu'à la définition. Mais on peut aussi rechercher des manières différentes de définir le problème.

Faites un APC pour trouver différentes définitions du problème suivant : les problèmes de transport dans les villes aux heures de pointe.

Quand on s'attaque au problème lui-même, on peut proposer un nombre de démarches différentes au lieu d'essayer de trouver la bonne solution du premier coup.

Faites un APC pour trouver quatre démarches différentes dans la façon de s'attaquer au problème précédent.

Enfin, quand nous avons une réponse satisfaisante à un problème, nous pouvons aller au-delà du satisfaisant et chercher d'autres solutions. Tout heureux d'avoir trouvé une réponse, nous rechignons généralement à aller plus loin. D'ailleurs, pourquoi ne pas laisser un autre chercher à notre place !

Révision de la situation

Un problème, c'est quelque chose que nous sommes forcés d'aborder. Revoir une situation implique un effort de volonté, car il faut revoir quelque chose qui ne pose pas de problème, qui marche assez bien et qui n'exige pas notre attention. Nous revoyons la situation, cependant, pour voir si l'on ne pourrait pas simplifier le processus, le rendre plus efficace ou plus productif. Cela implique toujours la recherche de démarches différentes pour exécuter l'opération. Cela remet en cause l'opération elle-même : a-t-on vraiment besoin de l'exécuter ?

Faites un APC sur l'emballage des tablettes de chocolat. (Astreignez-vous à revoir le problème.)

Projet

Dans un projet, on se donne pour but de créer quelque chose qui a une fonction précise. En un sens, le projet nous donne plus de liberté que la résolution d'un problème, car, pourvu que le but soit atteint, nous sommes libres d'adopter différentes démarches, différents styles.

Il est important – en ce qui concerne l'APC – de savoir distinguer les options qui relèvent d'une démarche identique de celles qui relèvent d'une démarche totalement différente. Trop souvent, j'ai constaté qu'une démarche qu'on voulait différente n'était qu'une variante de la même démarche.

Faites un APC sur un projet de concept de téléphone.

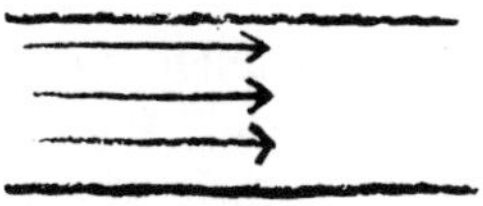

MÊME DIRECTION

DIRECTIONS DIFFÉRENTES

Décision

Les grandes écoles de commerce et de gestion attachent beaucoup d'importance à la prise de décision. On pense généralement que les alternatives et les solutions sont évidentes et faciles à trouver. Et pourtant, très souvent, la difficulté éprouvée relève justement d'une incapacité à produire suffisamment de choix. Or ce n'est pas le processus de décision lui-même qui générera ces choix. Il faut donc faire porter notre effort non pas sur la seule prise de décision mais sur la proposition de solutions variées.

Un concurrent vend un papier hygiénique moins cher que votre compagnie. Vous devez décider si vous allez aligner vos prix sur les siens. Faites un APC sur les choix qui vous sont offerts pour prendre votre décision.

Adoption d'une ligne de conduite

Un vieux dicton juif affirme qu'entre deux lignes de conduite possibles, il faut toujours choisir la troisième. Comme pour la prise de décision, c'est à juste titre la recherche des alternatives qui est prioritaire. Trouver une ligne de conduite implique la résolution d'un problème, la formulation d'un projet, et une prise de décision.

Faites un APC sur les lignes de conduite qui vous sont offertes pour inventer un nouveau jeu d'enfants.

Prévisions

Dans les affaires, comme dans d'autres domaines, prévoir l'avenir est d'une grande importance. Les décisions et les projets d'aujourd'hui seront réalisés demain et les investissements porteront leurs fruits dans l'avenir. Toute prévision de l'avenir est basée sur une extrapolation des tendances actuelles. On a beau savoir que cette méthode peut mener à l'erreur, personne ne croira jamais à une prévision élaborée d'une façon différente. Et cependant nous savons qu'il y aura des discontinuités et que le futur n'est pas seulement le prolongement des tendances du présent. Mais nous pouvons nous forcer à imaginer d'autres scénarios du futur et enrichir ainsi notre perception, même s'il faut attendre leur avènement pour y croire. La science-fiction joue un rôle utile dans ce domaine.

Faites un APC sur de futurs scénarios possibles dans l'industrie du spectacle.

La liste précédente des situations où un APC peut être utile n'est pas exhaustive. Nous devrions aussi penser aux domaines de la négociation, de la communication, du développement économique, de l'investissement, de la planification, etc. Mais il importe surtout qu'on se dise ou qu'on dise aux autres : « Arrivés à ce stade, faisons un APC. »

Soyons pratiques

On fait souvent l'objection que l'APC est une perte de temps et que cela crée du travail inutilement. On avance aussi que trop de choix possibles mènent à l'indécision. Ces reproches sont fondés jusqu'à un certain point.

3. Alternatives

On peut répondre à la première objection qu'il n'y a pas moyen de savoir que la solution à un problème est la bonne tant que l'on n'a pas, au moins, fait l'effort d'en rechercher de meilleures. Trouver des options supplémentaires dans une situation où s'impose une décision augmente effectivement le travail : il faut trier. Tant pis. On ne peut jamais améliorer sa décision en réduisant l'éventail des choix. Celui qui n'aime pas les prises de décision devrait s'occuper d'autre chose.

La réponse à la deuxième objection est qu'il faut être ferme en ce qui concerne les délais pratiques. Sir Robert Watson-Watt, le père du radar, disait : « Vous avez une idée aujourd'hui, une meilleure idée demain, mais la meilleure de toutes... jamais ! » Je suis d'accord. Le dessinateur qui changerait sans arrêt son dessin, rendrait la réalisation impossible. Si je devais reprendre mes manuscrits, il y aurait toujours une amélioration – mais ils ne verraient jamais le jour car ce processus est sans fin.

Il est donc nécessaire d'imposer des délais pratiques, des dates limites et des moments où l'on met un terme à la phase de développement et conception.

ARRÊT BRUTAL DU PROJET

Alternatives et créativité

Si nous n'avons pas la volonté de rechercher des alternatives, nous resterons bloqué dans le passé et dans ce qui ce qui a déjà été fait. Si vous trouvez des alternatives, vous pourrez toujours décider de ne pas les utiliser si elles ne paraissent pas meilleures que les options déjà existantes. Mais si vous ne générez pas d'alternatives, vous ne vous donnerez pas les moyens d'avoir le choix.

Générer des alternatives ouvre des possibilités. Comme je l'ai dit dans l'introduction de ce livre, le système des possibilités a été le moteur du succès scientifique et technologique de l'Occident.

Un outil qui rappelle formellement le besoin d'alternatives est essentiel pour la réflexion. Il est d'autant plus nécessaire que la nature même du cerveau humain est de rechercher la certitude, et non les alternatives.

Essayez les exercices suivants :

1. Une personne d'habitude ponctuelle commence à être en retard. Quelles peuvent être les différentes explications ?
2. On note une hausse soudaine du nombre de cambriolages. Donnez des explications possibles.
3. Un nouveau magasin d'antiquités ouvre ses portes juste en face de votre propre magasin d'antiquités. Quelles actions alternatives pourriez-vous considérer ?
4. Vous avez beaucoup de route pour aller au travail. Les axes de circulation sont de plus en plus encombrés. Quelles actions alternatives pourriez-vous considérer ?
5. Vous voulez contribuer à réduire le tabagisme chez les jeunes. Quelles pourraient être les possibilités ?
6. Donnez des alternatives possibles pour lutter contre le bizutage.

Chapitre 4
Perception et structures

À quoi sert la réflexion ?

Elle sert principalement à abolir la réflexion. Le cerveau travaille à rendre intelligible ce qui est confusion et incertitude, à reconnaître dans le monde extérieur des structures qui lui sont familières. Dès que le cerveau reconnaît une structure, il s'y engage et la suit – toute réflexion supplémentaire étant abolie. Cela ressemble à la conduite d'une voiture. Une fois arrivé sur une route connue, vous n'avez plus besoin d'utiliser carte ou boussole, de demander votre direction et de lire les panneaux de signalisation. En un sens, la réflexion, c'est un peu la recherche permanente d'une route familière qui rendrait la réflexion superflue.

Mais comment ces structures se forment-elles ? Et comment le cerveau s'en sert-il ? Comment cela influence-t-il nos activités mentales et que devons-nous faire ?

Pour comprendre les mécanismes mentaux, il faut savoir un peu comment le cerveau fonctionne en tant que système de traitement de l'information. C'est le sujet de ce chapitre.

Ce chapitre est une prise de conscience. Le PMI et l'APC sont des outils que l'on peut utiliser et avec lesquels on peut s'exercer. J'espère illustrer dans ce chapitre certains aspects du fonctionnement du cerveau. Une telle prise de conscience joue un rôle important dans le « savoir-réfléchir » en général.

4. Perception et structures

Perception

Dans un livre précédent, *The Mechanism of Mind*, je raconte l'histoire suivante.

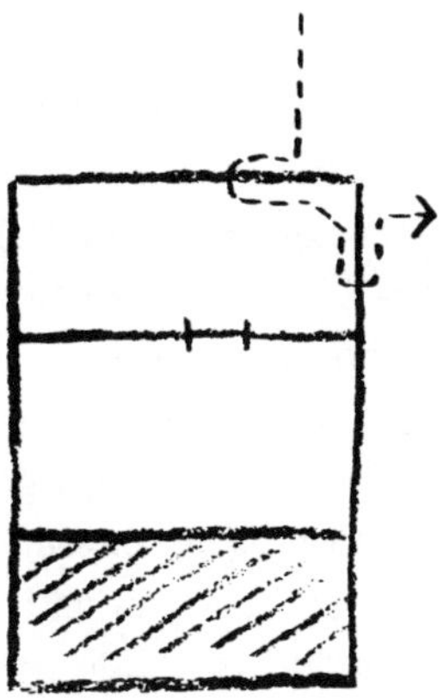

Pour mon premier jour à Oxford, je dus partir à Londres assister à une soirée. On fermait les portes du collège à minuit et je savais que je rentrerais tard. J'avais donc demandé à un ancien du collège comment m'y prendre pour escalader les murs. Il me dit que c'était simple : un mur à franchir, puis un second. De là, il fallait sauter du toit du hangar à vélos pour atterrir dans la cour. Je suis rentré à trois heures du matin et j'ai escaladé le premier mur (à peu près quatre mètres de haut). Je suis tombé de l'autre côté et, je me suis avancé jusqu'au second mur, de la même hauteur. Après une nouvelle escalade, je me suis laissé tomber de l'autre côté. Je me suis rendu compte alors que j'étais de nouveau à l'extérieur du collège. J'étais entré et sorti par un angle du mur comme le montre le dessin ci-dessous. J'ai recommencé en examinant cette fois-ci soigneusement le mur. J'y ai découvert alors un portail en fer qui présentait des prises faciles. Je l'ai escaladé et me suis aperçu qu'il tournait sur ses gonds : il était ouvert et n'avait jamais été fermé ! Je suis enfin rentré...

Alors que je racontais cette histoire à un groupe d'informaticiens, l'un d'eux me dit avoir vécu une expérience semblable au même endroit. (Apparemment, il avait bu davantage !) Arrivé au sommet du mur, il fit une chute qui le projeta dans l'enceinte. Croyant être tombé à l'extérieur, il répéta l'escalade pour se trouver dehors encore une fois.

La leçon de ces deux histoires est évidente : être bon en escalade n'implique pas, en soi, que l'on escalade le *bon* mur. Cette leçon est très importante dans notre contexte : la réflexion. Au lieu d'« escalade des murs », il faut lire « traitement de l'information ». Au lieu d'« identification des murs », lire « perception ».

C'est ainsi que nous découvrons que les erreurs de perception ne seront pas compensées par un traitement de l'information bien exécuté. La perception, c'est notre vision du monde. Le traitement de l'information, c'est ce qu'on en fait. Dans notre démarche mentale, nous avons accepté trois erreurs de raisonnement. La première, c'est de ne pas attacher d'importance au point de départ, c'est-à-dire à la « perception », car si notre démarche est bonne, nous pensons trouver la bonne réponse. La deuxième erreur, c'est de croire qu'une fois dans une situation, en poussant plus loin le traitement de l'information, on pourra découvrir le point d'où l'on aurait dû partir. La troisième erreur, c'est de considérer que la perception telle que nous la concevons habituellement est bien suffisante, puisqu'elle s'est forgée avec le temps et de manière empirique. Ces trois erreurs de raisonnement nous ont poussés à nous occuper surtout du traitement de l'information pour lequel nous avons développé des outils merveilleux comme les mathématiques. Nous avons négligé, par contre, le domaine de la perception parce qu'il semblait difficile d'y intervenir.

Paradoxalement, c'est le développement de l'ordinateur avec ses merveilleuses aptitudes à traiter l'information qui nous a amenés à nous intéresser à la prise d'information elle-même. Maintenant que le principe du traitement de l'information est admis, c'est alors que la perception –

la « prise d'information » – prend une importance encore plus grande. C'est notre façon d'envisager la situation qui déterminera ce que nous pourrons faire.

Dans la vie quotidienne, nous exerçons notre réflexion surtout au stade de la perception : la façon dont nous en arrivons à considérer les choses. Ce n'est que dans des contextes très spécifiques que nous devons procéder à un traitement plus élaboré de l'information. À l'avenir, nous pourrons déléguer cette tâche aux ordinateurs. Ce qui nous permettra à nous, les hommes, de nous consacrer à une réflexion portant sur la perception. Et nous devrons sérieusement nous améliorer !

Pour illustrer le problème de la perception, je raconte volontiers l'histoire du vinaigre et de l'huile (ou de l'eau et du vin). Vous devez faire une vinaigrette et vous avez devant vous un verre d'huile et un verre de vinaigre. Vous prélevez une cuillerée à café d'huile dans le verre d'huile et la versez dans le vinaigre. Vous agitez bien et prenez une cuillerée du mélange que vous restituez au verre d'huile. Y a-t-il alors plus d'huile dans le vinaigre que de vinaigre dans l'huile ? ou quoi ? (C'est sans incidence, mais nous pouvons supposer que la cuiller contient moins d'un cinquième du volume du verre.)

Dans un livre précédent, *The Use of Lateral Thinking*, j'ai écrit qu'il y avait à mon avis autant d'huile dans le vinaigre que de vinaigre dans l'huile. Mon éditeur était très sceptique devant cette affirmation. Et une fois le livre publié, je reçus même la lettre très polie d'un logicien m'avisant de mon erreur. Il disait que la cuillerée à l'aller contenait de l'huile pure, alors que la cuillerée au retour contenait un mélange, donc moins de vinaigre que n'en contenait d'huile la première. La logique semble irréprochable mais, en fait, sa perception était erronée.

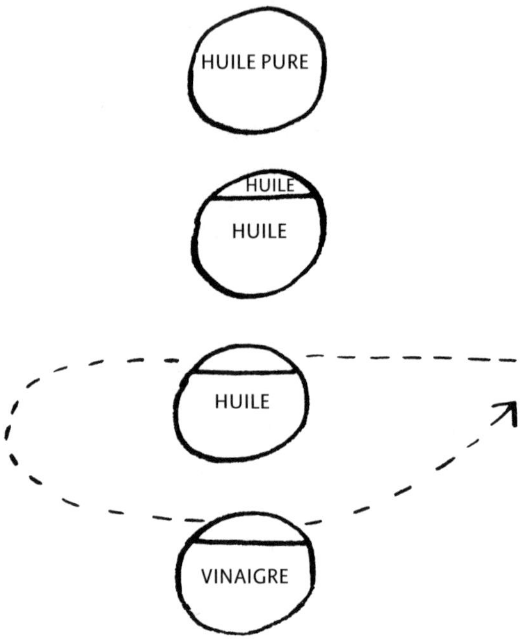

Une autre façon de voir les choses est indiquée dans le croquis ci-dessus. Les deux cuillerées contiennent un volume identique. La première contient de l'huile pure, l'autre un mélange qu'on illustre en montrant l'huile flottant sur le vinaigre. Mais d'où vient cette petite proportion d'huile ? Naturellement, du verre de vinaigre. Or il n'en contenait pas au départ. Donc cette quantité d'huile a fait un aller et retour, passant d'un verre à l'autre puis retournant au premier. Elle revient d'où elle est partie, on peut donc l'oublier. Si nous soustrayons maintenant cette quantité d'huile des deux cuillerées, il nous reste un volume identique dans chacune, un volume d'huile pour un volume de vinaigre. L'échange d'huile et de vinaigre est donc égal. La quantité d'huile qui revient dans le verre n'a pas d'importance. Le fait que l'huile soit agitée ou non n'a pas d'importance non plus.

Autre exemple : en partant du nombre 1, si l'on ajoute chaque fois le prochain nombre impair, on obtiendra toujours un carré.

$1 + 3 = 4 = 2^2$

$1 + 3 + 5 = 9 = 3^2$

$1 + 3 + 5 + 7 = 16 = 4^2$

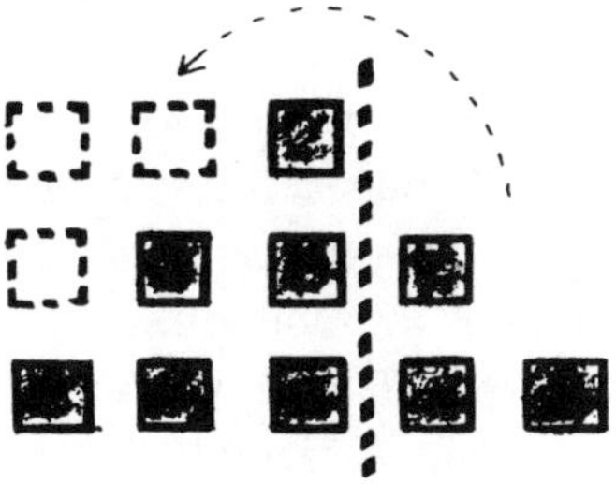

Comment pourriez-vous prouver qu'il en sera toujours ainsi ? Il existe plusieurs démarches dont l'une, très facile, est indiquée ci-dessous.

On considère les nombres comme des boîtes empilées. Si l'on additionne les rangées, on obtient 1 + 3 + 5 + 7... En augmentant la pile, nous y ajoutons le nombre impair suivant. Si je découpe la pile, comme indiqué par le pointillé, et transfère les boîtes de l'autre côté, j'obtiendrai un carré. Cela marche toujours, indépendamment de la hauteur de la pile.

Ces deux exemples sont destinés à illustrer la différence entre la perception et le traitement de l'information. Rappelons-nous : la perception, c'est notre façon de voir les choses au départ. Le traitement de l'information, c'est ce que nous en faisons.

Traverser la rue

Voici, ci-après, une grille simple. Si vous commencez dans un carré et que, vous déplaçant de l'un à l'autre, vous passiez par tous les carrés, combien de parcours différents existe-t-il ? Certains répondent 27, d'autres plusieurs centaines. En fait, le nombre de combinaisons possibles est de 362 880. Ce chiffre étonnamment élevé n'est que le reflet des chiffres impressionnants qu'on obtient en mathématiques combinatoires. (Le chiffre est en fait la factorielle de 9.)

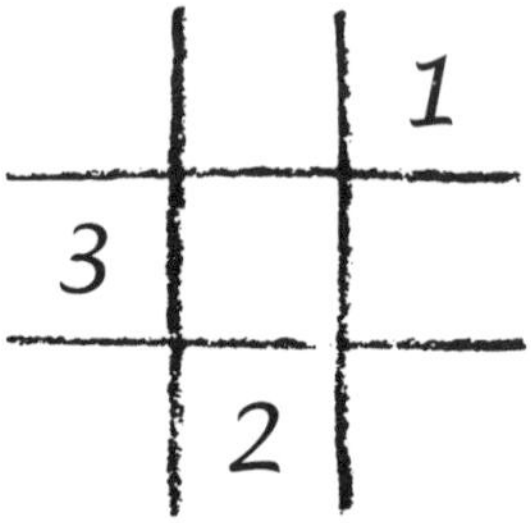

J'ai inventé un puzzle très simple, composé de seize morceaux, tous carrés. Le but est d'assembler ces seize pièces pour donner un grand carré d'une configuration donnée. Mais ce dessin final n'est apparent qu'une fois tous les morceaux mis à la bonne place. Il est donc impossible de savoir si telle pièce va à côté de telle autre. Chaque petit carré a un haut et un bas. Passer par toutes les combinaisons possibles de ce simple puzzle de seize pièces nécessiterait plusieurs millions d'années – même en travaillant chaque seconde, jour et nuit.

Si, avant de traverser la rue, nous devions analyser toutes les informations qui nous parviennent alors, il nous faudrait plus d'un mois pour arriver de l'autre côté. Or, cela ne nous prend pas un mois parce que notre cerveau ne travaille pas de cette façon. Nous traversons en un temps raisonnable parce que notre cerveau est conçu pour être brillamment « non créatif ». S'il était différent, il serait parfaitement inutile.

Élaborer des structures

Le cerveau – au stade de la perception – nous fournit le moyen d'organiser en structures les informations qui lui parviennent, comme l'illustre le croquis ci-dessous. Nous verrons le détail de ces opérations plus loin.

Une fois qu'une structure a été élaborée, le cerveau n'a alors plus besoin d'analyser ou de trier l'information. Tout ce qu'il lui faut, c'est assez d'information pour déclencher la structure. Le cerveau n'a plus ensuite qu'à la suivre automatiquement, comme un conducteur suit une route connue. Ainsi toute forme vague sur la route, arrivant à une certaine vitesse, sera immédiatement interprétée comme étant un véhicule qui s'approche.

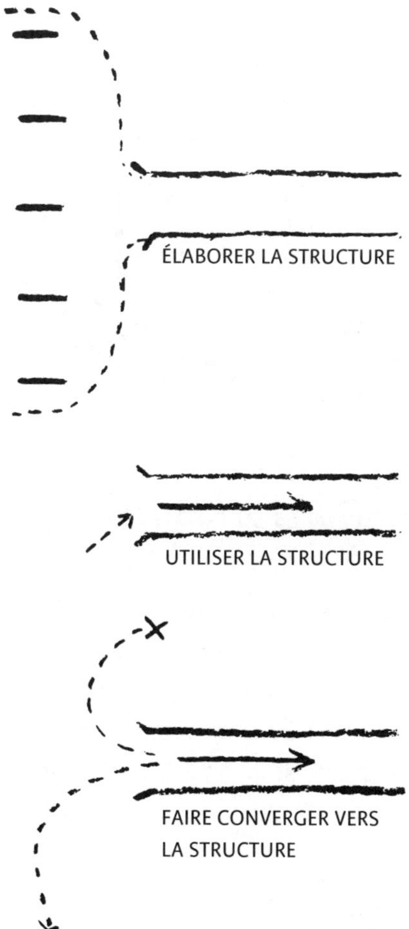

Il existe une autre caractéristique importante du système de structuration du cerveau. À défaut de structures concurrentes, tout ce qui ressemble, même de loin, à une structure établie sera traité comme étant celle-ci. Cela ressemble un peu à la ligne de partage des eaux en montagne. À moins qu'il n'y ait une autre vallée concurrente, l'eau qui tombe assez loin sur les versants aboutira au centre de la vallée. Nous pourrions appeler cela la « convergence des structures » comme ci-dessous.

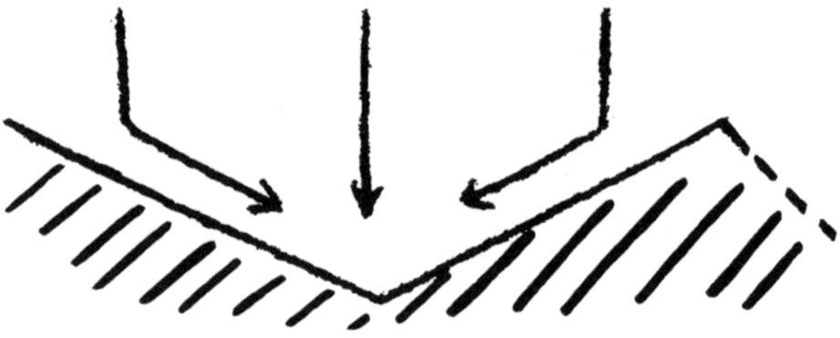

Comment les structures se forment

Prenons un bac de sable. On y laisse tomber une bille en métal. Elle s'enfonce dans le sable et reste exactement à son point de chute. C'est comme une marque de crayon sur une feuille de papier, ou la modification du champ d'une bande magnétique à un point donné. Le papier, la bande, le sable portent tous une trace passive et exacte de ce qu'ils ont subi. Tous nos systèmes de stockage d'information sont de ce type : enregistrement *passif*.

Prenons maintenant un bac avec, à l'intérieur, une surface en plastique moulé. Nous répétons la même opération avec la bille. Cette fois-ci, la bille ne reste pas à son point de chute mais elle roule au fond du plan incliné. Peu importe son point de chute : elle finira toujours à cet endroit. La surface « modifie » les informations d'entrée. À la différence du bac de sable, le bac en plastique ne garde pas une trace exacte de ce qui lui est arrivé. Les informations d'entrée sont modifiées ou infléchies. Ce n'est plus un système d'information passif mais *actif*.

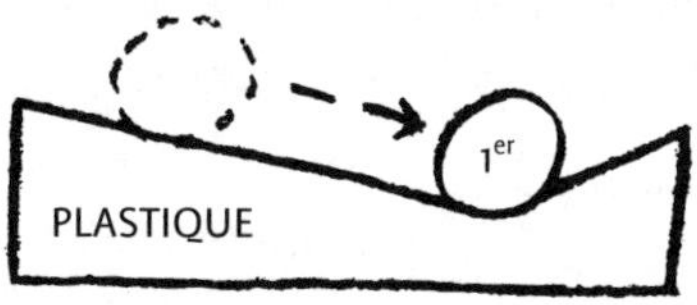

Nous arrivons au troisième bac. Il contient un liquide visqueux, épais, couvert d'une membrane solide. La bille en métal est lâchée sur la surface. Elle s'y enfonce progressivement et, quand elle est immobile, la membrane ressemble alors au bac en plastique avec une dépression là où la bille a trouvé sa place. Et si on laisse tomber une deuxième bille, elle glissera et viendra se nicher à côté de la première. Le bac « visqueux » est, comme le bac en plastique, un système d'information *actif*. Dans le bac en plastique, les formes étaient tracées avant que la première bille n'arrive. Dans le bac visqueux, c'est la première bille qui détermine elle-même les contours. En fait, le bac visqueux constitue un environnement dans lequel les informations peuvent arriver et s'amasser.

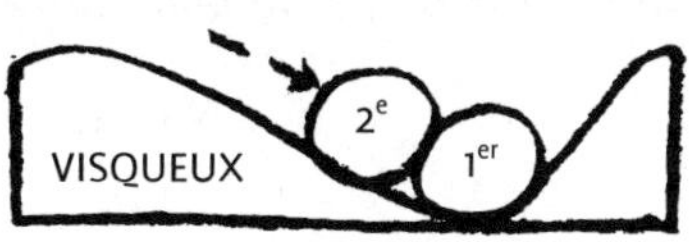

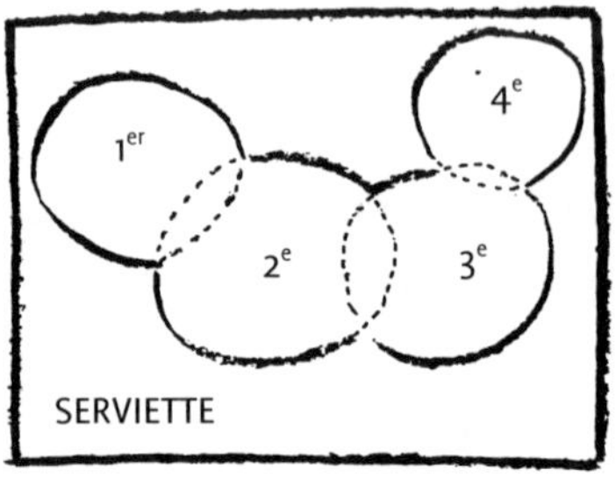

Nous passons maintenant à un autre modèle. Cette fois-ci, c'est une serviette étendue sur une table qui représente la surface passive. À côté, il y a un bol d'encre. On puise une cuillerée d'encre qu'on verse sur la serviette à un point donné. L'encre laisse une tache à cet endroit. L'opération est répétée pour donner le résultat indiqué dans le croquis ci-contre. La surface de la serviette est une surface de mémoire passive d'une grande exactitude.

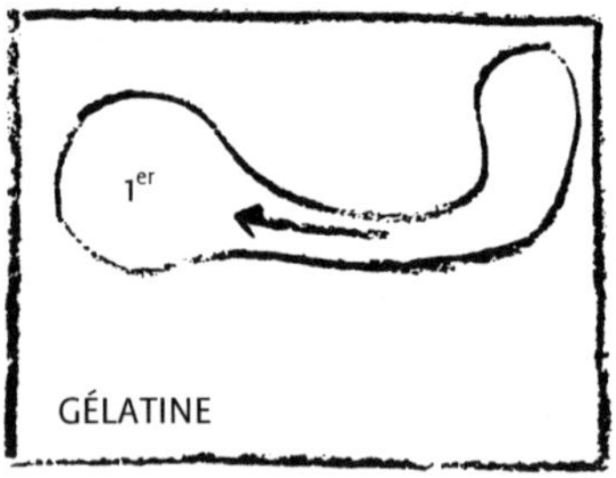

Maintenant, remplaçons la serviette par une assiette peu profonde contenant de la gélatine. On chauffe l'encre. Quand on verse une cuillerée d'encre chaude sur la gélatine, celle-ci se dissout. Lorsqu'on enlève l'encre refroidie et la gélatine fondue, une légère dépression reste sur la surface de la gélatine. Si l'on répète l'opération, comme avec la serviette, l'encre chaude coulera dans la dépression en la creusant. Et cela continuera avec la troisième et la quatrième cuillerée. Nous obtiendrons à la fin une sorte de « canal » (ou une « piste ») creusé dans la gélatine comme indiqué dans le croquis ci-dessus. La surface de gélatine et le bac visqueux se ressemblent étroitement. Dans les deux cas, les informations qui y rentrent en premier modifient la surface. Cette surface modifiée influence ensuite la façon dont d'autres informations sont reçues. Le modèle de la gélatine est plus élaboré parce que les informations en somme *s'organisent pour former une trace ou un schéma*.

Une fois le schéma formé, toute information arrivant à ce canal (ou schéma) l'empruntera – toujours de la même façon en le renforçant indéfiniment.

Le bac visqueux et l'assiette de gélatine montrent comment certains types de surface fournissent un environnement dans lequel les informations d'entrée peuvent s'organiser en schémas. Les circuits nerveux cérébraux semblent fonctionner d'une façon comparable. Je décris dans un autre livre, *The Mechanism of Mind*, comment l'interconnexion de ces circuits nerveux permet aux informations perçues de s'organiser en schémas.

Ici, il suffit de reconnaître combien les systèmes d'information actifs diffèrent de nos systèmes passifs habituels, et comment de tels systèmes favorisent la structuration de l'information.

Nous pouvons maintenant oublier la façon dont ces schémas se forment et les traiter comme des canaux, des routes ou des pistes. Une fois qu'on les a empruntés, on les suit, on se laisse emporter jusqu'au bout.

L'utilisation des structures

Le but de la perception est de permettre la formation de structures et, ensuite, leur emploi. Comme on l'a suggéré plus haut, le but de la réflexion est de trouver la structure familière et de rendre ainsi toute réflexion supplémentaire superflue. On peut considérer l'utilisation des structures sous différentes rubriques.

Reconnaître

Devant une écriture illisible, on peut mettre du temps à reconnaître un mot. Puis cela devient clair d'un seul coup. Devant un texte imprimé, nous identifions les mots si rapidement que nous ne sommes guère conscients de cette « re-connaissance » de structures. Ce n'est que lorsqu'il y a un problème (par exemple reconnaître une voix connue au téléphone quand la ligne est mauvaise) que nous nous rendons compte du processus de reconnaissance actif : il faut faire un effort pour identifier la structure.

Les adultes mettent souvent des heures ou des jours pour venir à bout du Rubik's Cube. Les enfants peuvent y arriver en l'espace de quelques minutes, le record étant d'à peu près vingt-cinq secondes. Il est évident que cela ne laisse pas beaucoup de temps pour réfléchir. Il s'agit en fait du processus de re-connaissance de structures. La re-connaissance d'une structure déclenche une ligne de conduite qui mène à une autre structure qui en déclenche une autre et ainsi de suite jusqu'au bout. Cette faculté de reconnaître les structures est une des plus merveilleuses propriétés du cerveau humain. Elle nous permet de saluer des amis et de parler des langues, de manger et de vivre. Toute notre vie consciente est basée sur elle. Dans la perception, tout l'effort est dirigé vers la re-connaissance de structures connues.

Ne pas se tromper de structure

Le croquis qui suit représente un cube en bois d'un modèle plutôt spécial. On donne ce dessin à un menuisier en lui demandant de fabriquer ce cube. La partie supérieure sera d'un bois différent de la partie inférieure. Les deux parties doivent être assemblées en queues d'aronde, comme indiqué. Vu de l'autre côté, le cube est identique. Est-ce faisable ?

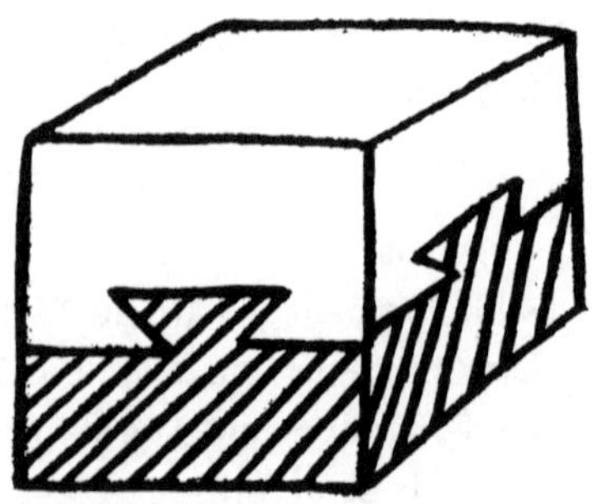

À première vue, cela semble impossible. Nous voyons les lignes d'assemblage comme ci-contre. On ne pourrait pas réussir à assembler les pièces ni, en imaginant qu'on y arrive, les séparer à nouveau. En empruntant ce schéma, nous rejetterions ce projet comme irréalisable.

Mais ce schéma n'est pas le bon. On peut fabriquer le cube. On peut séparer les deux parties une fois le cube assemblé. On s'attend à ce que les lignes d'assemblage soient à angle droit comme dans le croquis ci-dessus. Mais, en fait, elles empruntent un angle comme le croquis ci-contre le montre, et, en conséquence, la partie supérieure se déplace facilement sur la partie inférieure.

Nous nous étions donc trompés de structure. Il arrivera forcément que nous nous trompions de temps à autre. Par ailleurs, moins nous avons de structures à notre disposition, plus nous risquons d'en employer de mauvaises.

Abstraire

Le cerveau est très apte à reconnaître des schémas globaux tels que visages, lettres et mots. Il arrive très bien à extraire des structures cachées. Prenez huit objets au hasard et faites-en une liste ; il est fort probable qu'un observateur les divisera en deux groupes de quatre et en abstraira une quelconque structure. Et pourtant les mots ont été choisis au hasard.

Voyons la liste suivante :

- chien
- parapluie
- poisson

- automobile
- dentifrice
- chapeau
- argent
- bureau

Répartissez-les en groupe de quatre en variant les possibilités. Combien en voyez-vous ? Faites le même exercice avec n'importe quel groupe de huit mots choisis au hasard et présentez-les à plusieurs personnes.

Vous serez peut-être surpris de la variété des structures proposées. Les structures « extraites » de cette façon se trouvent-elles dans la matière ou dans notre vision de celle-ci ? Elles sont déclenchées face à la matière puis confrontées à la matière ; mais les structures doivent exister dans notre cerveau avant que nous puissions les utiliser.

Grouper

Ce processus rend la vie beaucoup plus facile. Par exemple, au lieu de tout apprendre sur chaque voiture individuelle, nous pouvons les regrouper dans la rubrique « automobile », et, à certaines fins (par exemple pour traverser la route), les considérer comme étant toutes semblables. Grouper et classifier nous permettent aussi de faire des prévisions. Nous identifions quelque chose comme appartenant à un groupe (par exemple un véhicule au groupe « automobile ») et de là nous en inférons que l'objet possède les qualités du groupe (que le véhicule a un volant). C'était le fondement de la philosophie classique. En fait, ce que l'on veut dire, c'est que nous nous attendons à ce qu'un certain nombre de propriétés aillent de pair. De cette façon, si nous reconnaissons certaines propriétés, nous pouvons prédire le reste en nous servant de la structure établie.

On appelle « globalistes » ceux qui ont tendance à grouper les choses en mettant l'accent sur les traits communs, « sérialisants » ceux qui ont tendance à séparer les choses en se concentrant sur les différences. La science est basée sur un mélange judicieux de ces deux tendances.

Analyser

Il y a, en vérité, deux types d'analyse. En employant le premier, nous nous efforçons de décomposer une situation complexe en schémas connus et identifiables. Nous supposons que ces éléments se sont, en fait, retrouvés pour produire la situation : ce sont des parties composantes. Le second type d'analyse ressemble davantage à une explication. Nous cherchons dans une situation des schémas qui nous sont connus ou que nous reconnaissons, mais nous ne supposons jamais qu'ils sont vraiment des composantes de la situation. Ce second type d'analyse est très proche de l'abstraction.

La science chinoise était déjà bien avancée quand la science s'est développée en Occident. Les théoriciens se sont alors mis au travail et ont imaginé toutes sortes d'explications, toute une hiérarchie d'esprits et de lutins qui ont influencé le cours des choses. Ce fut la mort de la science. Cette vue des choses appartenait au deuxième type d'analyse : l'explication. En Occident, la science a essayé de suivre le type d'analyse que j'ai appelé les « composantes » : elle a évité le recours au surnaturel. Mais il y a un dilemme : avec trop de concepts, il y a stagnation du sujet, car tout est possible ; avec trop peu de concepts, il y a aussi stagnation, car les concepts précèdent la démonstration.

Prendre conscience

Il nous faut prendre conscience du rôle immense joué par la « perception » dans la création. Prendre conscience aussi que, dans la perception, le cerveau fonctionne comme un système actif d'information qui s'autocontrôle et qui permet une structuration des données du monde extérieur. C'est un système merveilleux qui nous permet de donner un sens au monde extérieur. Sans lui, la vie serait impossible.

Nous devons être conscients du rôle de la réflexion : la recherche de structures familières que nous suivrons ensuite rapidement en arrêtant toute réflexion supplémentaire.

Mais nous devons aussi être conscients que l'on risque de se laisser enfermer dans des schémas qui ne sont pas les bons.

Nous devons enfin et surtout garder présente à l'esprit l'importance des structures présentes dans notre cerveau : elles déterminent nos capacités de reconnaissance, d'abstraction, de classification, d'analyse et somme toute, de réflexion.

L'apport de l'art

Une des caractéristiques de l'art, c'est qu'il nous sert à enrichir notre cerveau de structures nouvelles. L'art cristallise l'expérience en structures que nous n'avons pas besoin de vivre ni d'apprendre par un lent processus d'induction. L'art nous ouvre un champ d'expérience que nous n'aurions jamais vécu autrement. En un sens, on peut dire que l'art est une « machine à vivre » accélérée.

Exercice

Il peut être utile de prendre un peu de recul et d'essayer d'identifier les schémas employés dans certaines situations. Par exemple, très souvent en psychothérapie le schéma est encore de type freudien. On va chercher très loin dans l'inconscient les explications de nos sentiments et de notre comportement. Dans l'enseignement, on a l'impression qu'il suffit de nous gaver d'informations pour finir par acquérir une démarche mentale satisfaisante ! En politique, c'est le système de la confrontation qui a cours : les partis opposés défendent la justesse de leurs idéologies et cherchent à obtenir de l'électorat la permission d'imposer cette idéologie.

Comme exercice, essayez d'identifier les schémas de base qui prévalent dans les domaines suivants :

1. la publicité à la télévision ;
2. les rapports dans le monde du travail ;
3. les journaux ;
4. les voyages touristiques ;
5. l'achat d'une maison ;
6. le port de jeans.

Chapitre 5
La pensée latérale

C'est en 1967, lors d'une interview, que j'ai pensé pour la première fois au terme « pensée latérale ». Cette expression fait dorénavant partie intégrante de la langue anglaise et est couramment utilisée. C'est parce qu'il y avait un véritable besoin d'un terme spécifique décrivant le mode de réflexion concernant le changement de perception et de concept. Le mot « créativité » est bien trop large et trop vague. Il comporte une connotation artistique et bien d'autres concepts qui n'ont rien à voir avec le changement des perceptions et des idées. La pensée latérale est une technique rigoureuse et formelle pour laquelle il existe des outils spécifiques.

Il y a deux manières de progresser, l'une rapide, l'autre très lente.

Le croquis ci-dessous illustre la première. Nous avançons et un apport technique ou une nouvelle idée nous permettent d'accélérer. Une nouvelle donnée nous fera progresser plus avant et ainsi de suite. Il y a

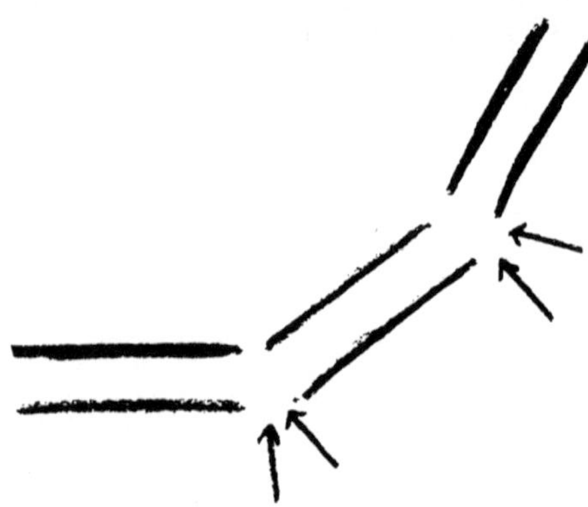

encore des gens, aujourd'hui, qui sont nés avant l'invention du premier avion. Un jour, survolant l'Atlantique en Concorde, j'ai réalisé que la cuillerée de purée que j'allais manger se déplaçait, tout comme les passagers, plus vite qu'une balle de fusil. Quel extraordinaire progrès en si peu de temps !

Aujourd'hui, pour mille euros environ, on peut avoir sur son bureau un ordinateur plus puissant que le premier ordinateur qui coûtait environ quatre millions d'euros actuels et qui remplissait trois pièces. Maintenant on peut obtenir un ordinateur assez puissant pour guère plus de cinq cents euros ; ça aussi, c'est un progrès. Il y a aussi un autre type de progrès, lorsque l'expérience élabore des concepts, des schémas, des modes d'organisation. C'est ainsi que nous fonctionnons.

Pour avancer, nous devons parfois faire marche arrière et passer à une autre structure mieux adaptée. Mais nous ne disposons pas de mécanismes pour ces retours en arrière, ces changements de schémas. Le progrès est donc d'une lenteur insupportable. C'est le type de progrès qu'on trouve dans le domaine social par opposition au domaine technique. Ce n'est la faute de personne. Notre cerveau fonctionne ainsi, et les organisations aussi. Ces structures sont des résumés du passé et non pas une projection de l'avenir. Cette lente progression est illustrée ci-dessous.

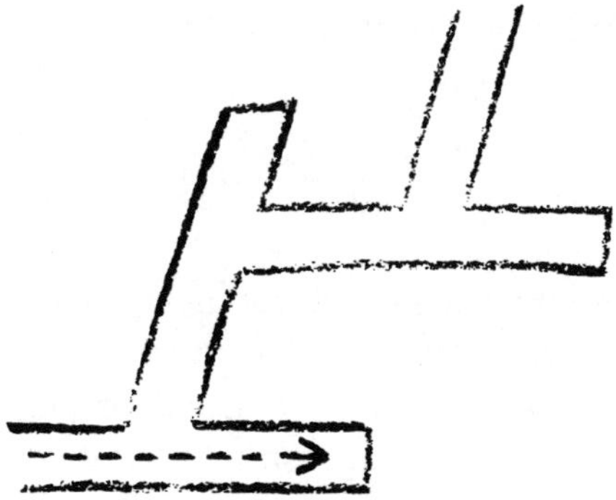

Changement de structure

Dans le chapitre précédent, nous avons décrit le système merveilleux que le cerveau a développé pour créer et employer des structures. Ce système nous rend le monde intelligible, il nous permet de vivre. Sans lui, la vie serait impossible. Le principal but du cerveau est d'être brillamment « non créatif ». Et c'est dans l'ordre des choses. Mais, de temps en temps, un changement de structures s'impose. C'est difficile, car nous ne disposons pas vraiment de mécanismes appropriés. En politique, nous avons le système extraordinairement peu rentable et inefficace de l'« affrontement ». Faute de mieux, nous faisons de même dans les démarches intellectuelles et scientifiques.

En médecine, la plupart des grandes découvertes ont vu le jour grâce au hasard, à un accident ou à une erreur. Ce n'est guère étonnant, car, dans un système aussi complexe que le corps humain, des recherches systématiques sont impossibles. Aussitôt une percée réalisée, la méthode scientifique peut suivre et intervenir avec son arsenal d'outils d'analyse et de production.

En ce qui concerne le cerveau, les mécanismes pour changer de structures sont l'erreur, l'accident et l'humour. On voit difficilement d'autres mécanismes possibles. Travailler à l'intérieur des structures existantes ne produira jamais, en soi, de nouvelles structures.

L'humour

Je me suis toujours étonné du peu d'attention portée à l'humour par les philosophes, les psychologues et les théoriciens de l'information. L'humour est probablement la caractéristique la plus significative du cerveau humain. Il nous dit beaucoup plus sur le fonctionnement du cerveau que n'importe quoi d'autre. La raison nous renseigne très peu et nous pouvons toujours inventer des systèmes de raisonnement avec des cailloux, des bouliers, des engrenages ou l'électronique.

Mais l'humour ne peut exister que dans un système de structuration autocontrôlée comme la perception humaine.

L'humour implique que l'on s'échappe d'un schéma et qu'on se branche sur un autre.

Ci-dessous, j'ai dessiné une piste principale et une piste secondaire. C'est une caractéristique des systèmes structurants que, tant qu'on se trouve sur la piste principale, les pistes secondaires nous sont momentanément inaccessibles (pour plus d'explications, voir *The Mechanism of Mind*). Par conséquent, nous fonçons le long de la piste principale.

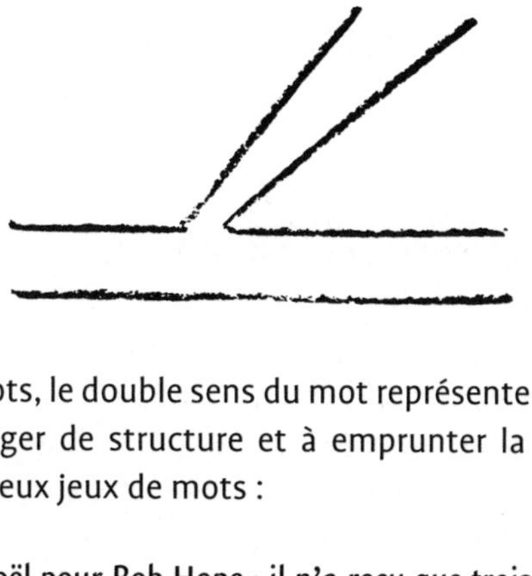

Avec les jeux de mots, le double sens du mot représente le mécanisme qui nous force à changer de structure et à emprunter la piste secondaire. Comme dans ces deux jeux de mots :

> « Mauvais Noël pour Bob Hope : il n'a reçu que trois clubs de golf. Et ce qui est pire, c'est que deux d'entre eux seulement avaient des piscines. »
>
> « T'aimes toujours les Gitanes ? Oui, surtout les jeunes. »

L'autre mécanisme de l'humour est démontré dans le croquis suivant. Ici, on nous conduit à un point apparemment sans queue ni tête et tout d'un coup nous voilà revenus au point de départ et la solution apparaît. Par exemple :

« Le contrôleur entre dans le compartiment. Un jeune homme commence à chercher son billet et panique : il fouille les poches de sa veste, son pantalon, le manteau accroché, sa serviette, partout. Au bout d'un moment, le contrôleur prend pitié de lui et retire le billet des lèvres du jeune homme (là où il était depuis le début). Le contrôleur parti, un voyageur demande au jeune homme s'il ne se sentait pas un peu ridicule. "Pas du tout, répond le jeune homme, je mâchais la date du billet." »

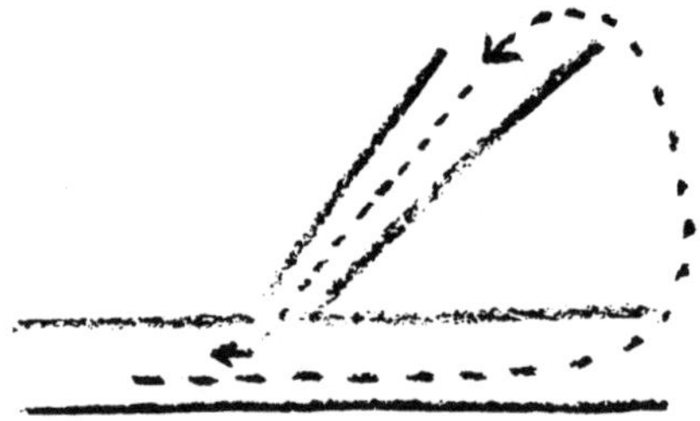

Réflexion *a posteriori* et intuition

Le changement de schéma que nous observons dans l'humour est exactement le même processus que celui qui s'opère dans la réflexion a *posteriori* et l'intuition. Nous nous branchons sur un autre schéma et voyons d'un seul coup que quelque chose est raisonnable et évident. En rétrospective, toute idée créatrice doit être logique – autrement nous ne pourrions jamais l'accepter comme valable. L'erreur que nous commettons est d'assumer que, puisque c'est logique rétrospectivement, une meilleure application de la logique nous y aurait amenés au départ. Seuls ceux qui ne comprennent pas la nature des systèmes de schéma commettent cette erreur. Ces systèmes sont forcément asymétriques – autrement ils seraient inutiles. Dans le croquis ci-dessous, la route de A à B est très différente de celle de B à A.

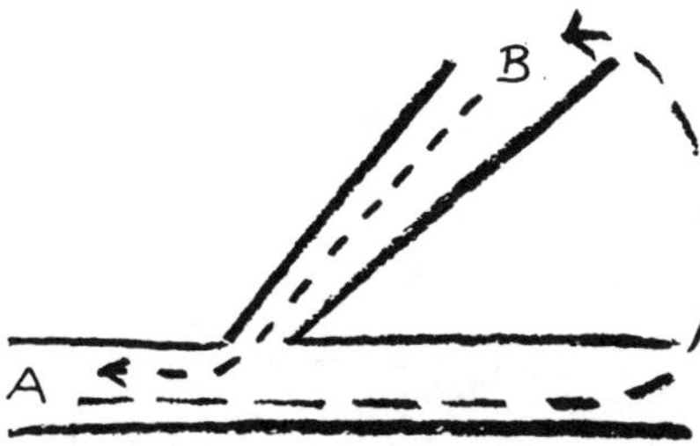

Changer de structure d'une façon consciente plutôt qu'attendre l'erreur ou l'accident est le but de la pensée latérale. Ce type de réflexion cherche à reproduire le changement de schéma qu'on constate dans l'intuition.

La raison pour laquelle la créativité n'a jamais suscité un intérêt réel est cette « logique rétrospective ». Dans la mesure où toute idée neuve valable est toujours logique rétrospectivement – sinon nous ne pourrions pas en apprécier la valeur –, nous en avons conclu qu'une logique mieux maîtrisée nous aurait conduits à cette idée et que nous n'avons donc pas besoin de la créativité. Ceci est totalement et définitivement faux dans un système autostructurant, même si cela est parfaitement vrai dans un système d'information passif organisé de l'extérieur. Puisque nous avons toujours considéré des systèmes passifs, nous n'avons jamais vu la nécessité mathématique de la créativité dans le cadre des systèmes d'information autocontrôlée.

Créativité et pensée latérale

On me demande souvent pourquoi il a fallu inventer le terme « pensée latérale » alors que le mot « créativité » semblait tout à fait convenir. Ma réponse est que le mot « créativité » est loin d'être adéquat et ne décrit pas ce que j'entends par « pensée latérale ». C'est peut-être pourquoi l'expression « pensée latérale » se trouve maintenant dans le dictionnaire *Oxford English Dictionary*.

Une personne créative peut avoir une autre vision du monde que celle des autres.

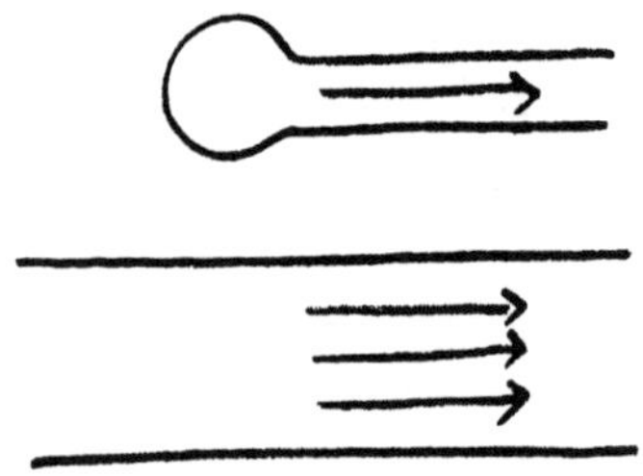

Si cette personne arrive à exprimer et communiquer sa propre perception, nous disons qu'elle est « créative » et apprécions sa contribution qui permet à certains d'entre nous de voir le monde autrement. Nous savons reconnaître sa créativité. Mais cette personne peut être enfermée dans sa perception à elle, incapable d'en sortir ou de voir le monde autrement. C'est ainsi que beaucoup de gens créatifs sont en fait « rigides » en même temps. Cela n'enlève rien à la valeur de leur contribution à la société ni à leur capacité de créer à l'intérieur de leur perception unique et particulière. Ce qui m'intéresse, par contre, dans la pensée latérale, c'est la capacité de changer de perception et de continuer à en changer. On peut être créatif et peu apte à la pensée latérale ; certaines personnes sont les deux à la fois.

On constate le même phénomène chez de jeunes enfants. Face à un problème à résoudre, un enfant de neuf ans peut très bien proposer une solution très originale puisqu'il n'est pas piégé par une approche conventionnelle. Son approche est donc créative et originale. Mais ce même enfant peut être réticent à chercher une approche différente. Il est donc créatif, original, mais aussi rigide.

5. La pensée latérale

Une définition précise de la pensée latérale serait la capacité de changer de schéma au sein même du système. En termes plus simples, on peut dire que c'est voir les choses autrement.

La grand-mère tricote et la petite Susie la dérange en jouant avec sa pelote de laine. Le père propose qu'on mette Susie dans son parc. La mère propose plutôt qu'on y mette la grand-mère. C'est une autre façon de voir les choses, tout à fait logique quand on y pense !

La pensée latérale : un procédé

Un autre problème posé par le mot « créativité » est qu'il représente un jugement de valeur. Personne n'a jamais qualifié de « créative » une idée nouvelle rejetée. La pensée latérale est un processus neutre.

Quelquefois, en l'employant, nous ne trouvons rien ; quelquefois nous tombons sur une bonne idée, mais qui n'est pas meilleure que la première. D'autres fois, mais rarement, nous amenons une nouvelle idée qui est nettement meilleure que la première. Dans les trois cas, nous employons la pensée latérale.

Les gens intelligents ont souvent tendance à être conformistes. Ils apprennent les règles du jeu qui leur permettent d'avoir la paix. À l'école, c'est plaire au professeur, réussir aux examens avec un minimum de travail, s'entendre avec les autres. La créativité est plutôt le domaine des révoltés, ceux qui ne peuvent pas ou ne veulent pas suivre les règles pour diverses raisons. Paradoxalement, si nous considérons la créativité (sous la forme de la pensée latérale) comme faisant partie normale du traitement de l'information, nous pourrions obtenir le résultat assez étrange d'avoir des conformistes plus créatifs que les rebelles, car les conformistes suivront mieux aussi les règles de la créativité. Si la créativité ne comporte plus de risques, ceux qui n'aiment pas en prendre se décideront peut-être à devenir créatifs.

La pensée latérale est à la fois un état d'esprit et un ensemble de méthodes bien définies. Elle implique d'abord la volonté d'essayer de voir les choses de manière différente ; qu'on admette notre vision des choses comme une possibilité parmi d'autres ; ensuite que l'on comprenne comment le cerveau utilise des structures et comment il faut s'évader d'une structure une fois formée pour en trouver une meilleure. Qu'y a-t-il de bien sorcier là-dedans ?

Jugement et provocation

Je me sers souvent, dans mes séminaires, du dessin représentant une brouette insolite. Je demande à mon public de noter, individuellement, cinq commentaires. Ça ne rate jamais : les critiques pleuvent. « La roue n'est pas à la bonne place ; le support de la roue ne résisterait pas ; la roue est trop petite ; la brouette basculerait ; les poignées sont trop courtes ; il est plus difficile d'appuyer que de soulever, etc. »

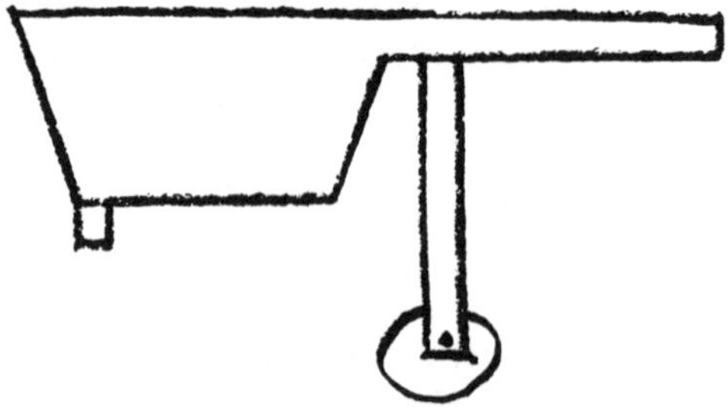

Les commentaires négatifs dépassent les commentaires « intéressés » (c'est-à-dire positifs) dans les proportions suivantes : cadres : 20 contre 1 ; groupe avec quotient intellectuel au-dessus de 140 : 22 contre 1 ; enseignants : 27 contre 1 ; jeunes de 12 à 13 ans : 2 contre 1. Le résultat obtenu chez les jeunes reflète deux choses : d'abord, qu'ils ne connaissent pas grand-chose aux brouettes, centre de gravité, systèmes de levier, etc. ; deuxièmement, qu'ils pensent que je suis incapable de faire un meilleur dessin et qu'ils n'ont pas voulu me faire de peine. Les commentaires positifs sont nombreux et variés : « Cette brouette serait utile pour remplir les fossés et les trous, car on pourrait s'approcher du bord et la vider par le fond sans avoir à l'incliner ; elle prendrait mieux les virages (sur un échafaudage par exemple), le rayon de braquage étant plus réduit ; on ne pourrait pas se faire mal au dos parce que, si on essayait de soulever une charge plus lourde que son propre poids, on décollerait du sol ; on pourrait ajouter un ressort au support de la roue et, si la partie supérieure était peinte en rouge et la partie inférieure en vert, on saurait, selon la couleur que l'on voit dépasser, si la personne travaille dur ou non... »

Les adultes ont eu raison d'utiliser leur jugement, car, pour faire fonctionner un système de schémas, nous avons besoin de jugement.

Nous utilisons notre jugement pour reconnaître et identifier (voir chapitre précédent), pour découvrir quelle structure nous suivons, pour nous empêcher d'en sortir. Tous les commentaires négatifs des adultes étaient donc basés sur un emploi judicieux de leur jugement. Cela explique le résultat légèrement supérieur des enseignants.

Je crois que les gens doivent utiliser leur jugement. On ne peut pas s'en sortir autrement, et sans lui un système de schémas ne peut fonctionner.

Mais nous avons besoin aussi d'utiliser un autre registre, celui du « mouvement ». Il nous aide à passer d'un « canal » à l'autre. Nous nous servons donc du jugement pour rester à l'intérieur des canaux existants, mais nous pouvons aussi faire appel au « mouvement » quand nous souhaitons changer de schéma. C'est comme les vitesses d'une automobile : l'une correspond au démarrage, l'autre au régime de croisière, une troisième à la marche arrière, etc. Donc, quand nous réfléchissons, nous devrions pouvoir nous servir des deux modes à notre guise. C'est ça, le savoir-réfléchir.

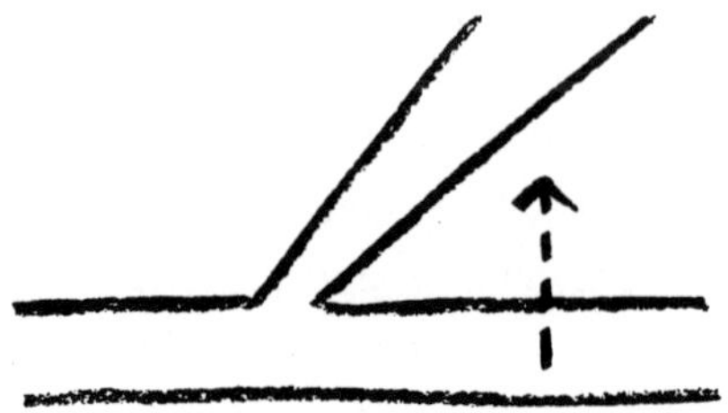

Et voici, ci-dessous, ce que j'entends par « mouvement » :

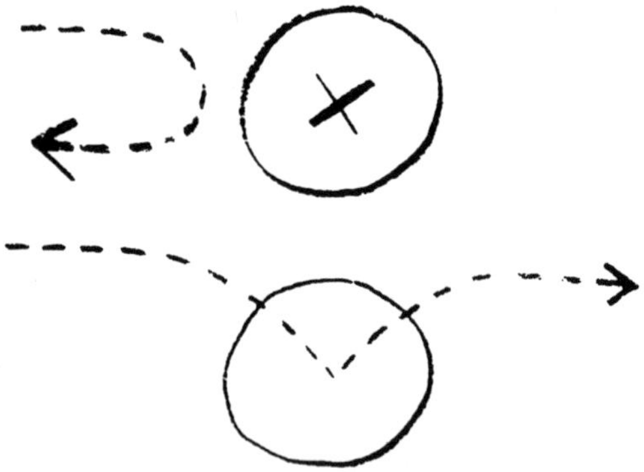

En terme de « jugement », lorsque nous tombons sur une idée qui est fausse, nous la rejetons. En terme de « mouvement », c'est la valeur dynamique d'une idée qui importe. On l'utilisera comme point d'appui pour passer à un schéma différent, on s'en servira pour voir où elle conduit et ce qu'elle peut suggérer. Cela ne signifie pas pour autant qu'on traitera une mauvaise idée comme une bonne. Simplement nous fonctionnerons en dehors des systèmes de valeur, sans référence au vrai ou faux. On utilisera l'idée comme un moyen pour faire avancer les choses. Cette valeur attachée au « mouvement », c'est de la provocation.

5. La pensée latérale

Le terme « po »

J'ai inventé ce terme il y a plusieurs années ; la syllabe « po » est contenue dans des mots tels que : hy**po**thèse, sup**po**ser, **po**ssible, **po**ésie. Tous ces mots contiennent le même élément de progression : où l'idée mène-t-elle ? On émet une idée pour voir quel effet elle aura sur notre réflexion. Dans un sens, toutes les situations évoquées par ces mots représentent des provocations plutôt que des descriptions. Le terme « po » est résolument, consciemment, de la provocation et donc plus fort que tous les autres. Par exemple, une hypothèse doit être assez raisonnable alors qu'une provocation « po » peut être consciemment illogique. Pour simplifier, disons que « po » représente les initiales des mots « provocation » et « opération ».

Quand aurons-nous recours à po ? Simplement pour indiquer que nous quittons le mode du jugement pour passer à celui du mouvement. Il n'y a aucun mystère. Et comme toute abréviation, c'est pratique.

« Po » n'est pas « peut-être » ni le « mu » japonais. Il ne s'agit pas de suspendre le jugement ou de ne pas vouloir juger. C'est une façon de fonctionner en dehors du système de jugement.

La meilleure définition de la provocation, à mon sens, est : « La raison pour laquelle on dit quelque chose n'apparaît souvent qu'après qu'elle ait été dite. »

La méthode du tremplin

Le croquis suivant montre comment on utilise la valeur cinétique d'un tremplin pour passer d'un schéma à l'autre.

On réfléchissait un jour au problème du stationnement dans une petite ville où les usagers du train avaient l'habitude de se garer dans le centre et d'occuper ainsi des emplacements qui auraient pu servir aux gens venus faire leurs courses. Une solution aurait été d'installer des parcmètres. Nous cherchions une solution plus simple. Un défi fut lancé : « Les voitures po limiteraient elles-mêmes leur temps de stationnement. » On eut alors l'idée qu'on pourrait se garer où l'on voudrait, le temps que l'on voudrait, pourvu que les phares restent allumés. Ainsi le stationnement se limiterait-il de lui-même. On pourrait même appliquer cette mesure dans les villes munies de parcmètres : en allumant ses phares, on indiquerait qu'on ne compte pas rester longtemps et on n'aurait pas besoin de payer. Ce système provoquerait une rotation plus rapide sur les emplacements de parking.

Une autre fois, on discutait du problème de la pollution des eaux de rivière par des usines avoisinantes. Plus on était en aval, plus l'eau qui arrivait était polluée. L'idée provocatrice en l'occurrence fut de dire : « L'usine po puisera son eau en aval. » À première vue, c'est une proposition illogique. Mais, en la développant, on aboutit rapidement à une idée qui, m'a-t-on dit, a déjà vu le jour dans certains pays. Normalement l'usine puise son eau en amont de la rivière où elle la rejette. Notre provocation conduit directement à imposer par la loi une installation inverse – de sorte que l'usine serait elle-même la première à souffrir des effluents non traités.

5. La pensée latérale

À un séminaire, j'ai émis une fois cette proposition absurde : « Les avions po devraient atterrir sur le dos. » C'est l'illustration la plus simple de la provocation volontaire : l'inversion. Vous renversez la suite normale des événements. Parmi les procédés menant à la provocation, on trouve l'exagération, la distorsion des faits, l'extravagance ou même les vœux relevant de l'utopie. Pour de plus amples détails, je renvoie le lecteur à mon livre sur la pensée latérale, *La boîte à outils de la créativité.* La suggestion provocatrice de faire atterrir les avions sur le dos nous a conduits à remarquer que le pilote aurait ainsi une meilleure vue. De là, on s'est demandé où le pilote devrait être installé. Être sur le dessus, est-ce la meilleure place ou seulement la place traditionnelle depuis l'époque où les avions étaient beaucoup moins grands ?

L'idée-provocation : « Les voitures po devraient avoir des roues carrées » a donné une douzaine de remarques à propos de voitures et de roues dont voici un échantillon :

- un pneu à deux chambres à air : celle de l'intérieur gonflée à une pression normale et celle de l'extérieur à une basse pression donnant une meilleure adhérence à la route ;
- une roue de secours « carrée » qu'on attache à la roue normale pour rouler sur la neige, la boue ou le sable ;
- un véhicule qui traverse des bosses doucement plutôt que par à-coups grâce à une suspension réglable et une roue avant à galopin ;
- une chape en spirale évitant des problèmes d'aquaplaning ;
- des roues à freins spéciales pour les poids lourds qui ne seraient pas normalement en contact avec la route mais qui descendraient sous pression hydraulique en cas d'urgence ;
- une configuration différente pour les roues motrices et les autres ;
- des voitures qui prendraient une position mi-verticale pour économiser les emplacements de parking ;

- des pneus à compartiments pour réduire les problèmes de crevaison et d'éclatement ;
- des pneus à géométrie et pression variables, etc.

Au lecteur d'aller plus loin.

La « provocation » peut être créée de façon voulue et calculée, mais elle peut très bien surgir spontanément au cours de la réflexion ou de la conversation. Une idée rejetée de prime abord peut servir comme provocation. Autrement dit, on se sert du « mouvement » aussi bien que du « jugement ».

Essayez d'extraire un « mouvement » des provocations suivantes pour ensuite obtenir une nouvelle idée :

1. Po les tasses seraient faîtes de glace.
2. Po il suffit de taper une seule touche sur un téléphone pour appeler un correspondant.
3. Po on vous paie pour utiliser les transports en commun.
4. Po il y a des contrôles scolaires tous les jours.
5. Po les gens de forte corpulence sont plus payés.
6. Po le papier devient noir après une semaine.

Le mouvement est obtenu de façons diverses : en extrayant le principe contenu dans l'idée ; en suivant les conséquences pas à pas ; en accentuant l'inhabituel ; en soulignant tous les aspects positifs.

La technique de l'échappée

Ici l'effort consiste à identifier la piste principale de notre réflexion et puis à s'en échapper.

5. La pensée latérale

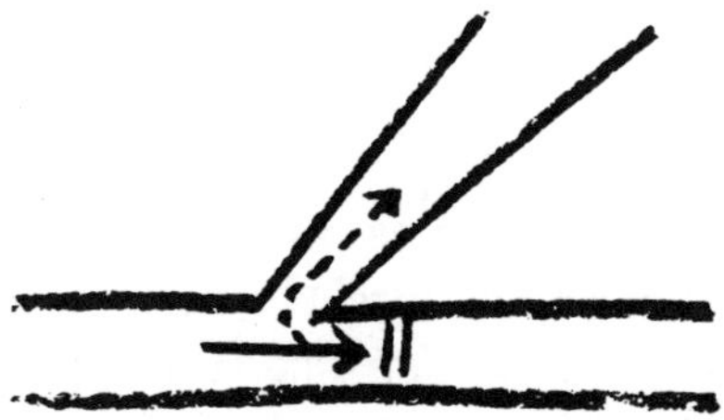

Dans la pratique, il est extrêmement difficile d'isoler ce que nous acceptons sans discussion dans une situation donnée. Pour réussir une échappée, nous essayons de laisser de côté un aspect particulier ou de le modifier ou même de trouver une autre façon d'arriver au même but.

Considérer quelque chose comme acquis ou admis est un moyen sûr de reconnaître que nous nous trouvons dans un schéma habituel. Prenons par exemple les taxiphones. Pour nous, il est évident qu'ils sont tous au même tarif. Échappez-vous de cette évidence et vous en arriverez à imaginer qu'il pourrait y avoir une cabine où la taxation serait plus élevée qu'ailleurs. Elle serait donc presque toujours inoccupée et ainsi une personne ayant un coup de fil urgent à donner serait pratiquement certaine de pouvoir le faire – en payant plus cher. Nous nous attendons aussi à ce qu'il n'y ait qu'un poste dans chaque cabine. À quoi serviraient deux postes ? Et bien, il y en aurait un deuxième en cas de panne du premier. On pourrait placer des appels sur l'un en attendant d'être rappelé sur l'autre. Aux moments d'occupation intensive des cabines et à condition d'avoir un fil assez long, deux personnes pourraient se servir de la même cabine.

À Londres, il y a relativement peu de taxis (environ 11 000 contre 15 000 à Moscou et 30 000 à New York). Pour avoir son permis, un chauffeur de taxi doit réussir un examen qui nécessite une connaissance détaillée des rues, ambassades, hôtels, etc. Il faut plusieurs mois pour apprendre tout cela à ses frais. Or qu'est-ce qu'on attend d'un chauffeur de taxi ? C'est bien sûr qu'il connaisse le chemin. Abandonnons cette évidence et imaginons un chauffeur de taxi qui ignorerait sa route. Qu'est-ce qu'il ferait ? Il demanderait à quelqu'un. À qui demander ? À son passager. Arrivés à ce stade, nous tenons une idée intéressante.

Il y aurait les taxis normaux comme maintenant. Ils seraient utilisés par les touristes et les étrangers à la ville. Et puis il y aurait un autre type de taxi qui se distinguerait par un grand point d'interrogation sur le toit – indiquant que le chauffeur ne connaît pas tous les itinéraires. Par définition, ces taxis seraient réservés aux habitants de la ville qui connaissent le chemin et pourraient guider le chauffeur. Ainsi le chauffeur pourrait déjà gagner sa vie en apprenant à connaître sa localité (s'il devait rentrer sans passager, il pourrait se servir d'un plan ou du téléphone). Il y aurait alors davantage de taxis dans l'immédiat et à l'avenir. Les habitants de la ville et les étrangers en tireraient tout avantage ainsi que les chauffeurs de taxis qui apprennent leur métier.

Nous tenons pour acquis l'existence d'une seule monnaie dans chaque pays. Échappons-nous de ce concept et on obtiendra quelques perspectives économiques intéressantes : par exemple, deux monnaies, l'une indexée sur l'autre, donnant ainsi une espèce d'étalon-or.

Comme exercice, essayez d'extraire le « mouvement » de chacune des échappées suivantes :

1. Po les volants de voiture ne tournent pas.
2. Po les verres à boire n'ont pas de fond.
3. Po les enveloppes n'indiquent pas d'adresse.
4. Po les restaurants ne servent pas de nourriture.
5. Po les classes n'ont pas d'enseignants.
6. Po les portes n'ont pas de poignées.

Il y a de nombreuses autres façons d'exploiter la méthode de l'« échappée ». Je renvoie donc à mon livre déjà cité, *La boîte à outils de la créativité*.

5. La pensée latérale

Le tirage au sort

C'est la plus facile de toutes les techniques. C'est aussi la plus amusante. La plupart des grandes agences de publicité s'en servent d'une façon systématique. La stimulation est fournie par un objet, un mot, une personne ou un magazine choisi au hasard. Surtout il ne faut pas que l'élément soit lié à un choix car il le serait pour ses associations avec le sujet et aurait tendance à renforcer les idées reçues plutôt qu'à les modifier. Il s'agit de s'exposer au hasard ou de créer ce hasard.

La forme la plus pratique est le mot choisi au hasard. On le trouve en spécifiant la page et la position du mot dans un dictionnaire. Vous comptez les mots en descendant la page. Pour faciliter la tâche, on peut continuer jusqu'au premier substantif.

Par exemple, je discutais du problème de la formation des enseignants dans un pays qui en avait un besoin urgent. Le tirage au sort nous avait donné le mot « pantalon », ce qui n'a aucun rapport apparemment avec la formation des enseignants ! Or ce qu'on en retient, c'est qu'un pantalon a deux jambes d'où, par le procédé po : « Les professeurs ont deux jambes. » Pratiquement, qu'est-ce que cela pourrait vouloir dire ? Peut-être l'existence de deux assistants ou apprentis qui suivraient le professeur et qui assumeraient progressivement des fonctions nouvelles. Chaque professeur serait ainsi doublé ; les écoles normales continueraient d'exister et les professeurs en poste suivraient une formation continue ultérieurement.

Le mot choisi au hasard nous branche sur des idées qui seraient restées peut-être cachées autrement. L'association feu rouge-cigarette a donné l'idée d'un ruban autour de la cigarette, à 1,5 cm du bout, qui indique que le fumeur s'approche de la zone dangereuse – ce qui lui donne la possibilité de jeter la cigarette.

À première vue, il semble illogique de supposer qu'un seul mot choisi au hasard puisse aider dans n'importe quelle situation donnée (raisonnement sensé si le mot est vraiment choisi au hasard). Dans un système de schémas, cependant, ce n'est pas illogique. Admettons que vous habitiez Londres et que je vous dépose n'importe où en ville ; vous finirez par retrouver votre domicile grâce à vos connaissances, aux plans, aux directions trouvées en chemin. Ainsi, vous trouverez peut-être un chemin tout à fait différent de celui que vous empruntez d'habitude. C'est une illustration parfaite du fonctionnement du mot choisi au hasard. En réfléchissant, nous quittons un domaine donné le long de la route normale. Si nous y jetons un mot choisi au hasard, il apporte ses propres associations d'idées. Tôt ou tard, celles-ci rejoignent les associations d'idées liées au « problème ». Nous pouvons alors quitter le « problème » en suivant cette nouvelle route et voir ce que nous y découvrons.

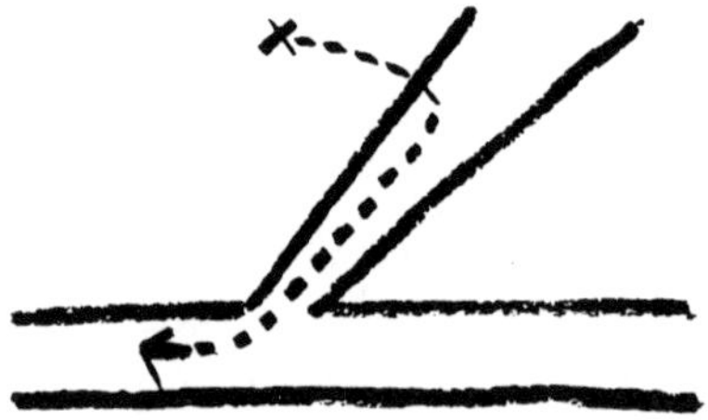

Il arrive parfois que le sens du mot choisi au hasard soit tellement proche du sujet que cela limite l'effet de provocation. En revanche, il n'arrive jamais que le mot soit trop éloigné. Ce n'est pas étonnant, car nous suivons les associations du mot qui s'ouvrent à d'autres mots pour aboutir à un éventail de concepts « connecteurs ». Nous pouvons aussi extraire une fonction du mot. Par exemple, le mot « éléphant » pourrait donner la fonction « très gros », ce qui évidemment peut être appliqué à presque toutes les situations.

Plusieurs personnes m'ont dit que l'emploi des mots tirés au sort leur avait permis de concevoir de nouveaux produits dans des domaines très divers : services financiers, produits ménagers, construction de ponts, etc.

Exercez-vous à employer les mots suivants pour produire de nouvelles idées dans un domaine donné :

1. Mot tiré au sort « savon » : domaine donné « conception d'ameublement ».
2. Mot tiré au sort « forêt » : domaine donné « gestion d'une banque ».
3. Mot tiré au sort « fusée » : domaine donné « choix de vacances ».
4. Mot tiré au sort « vote » : domaine donné « réduction de la circulation automobile en agglomération ».
5. Mot tiré au sort « nuage » : domaine donné « développer l'économie d'énergie ».
6. Mot tiré au sort « journal » : domaine donné « nouveau programme télévisé ».

Emploi de la pensée latérale

Les trois méthodes – le « tremplin », l'« échappée » et le « tirage au sort » – constituent des techniques systématiques pour la production d'idées ou approches nouvelles. Plus importante encore est l'attitude de la pensée latérale qui nous encourage à chercher des concepts meilleurs. En un sens, chacune de ces techniques illustre un aspect de la démarche requise dans la pensée latérale. Avec la méthode du « tremplin », nous exploitons une idée pour sa valeur dynamique de « mouvement » et pas simplement pour sa valeur de « jugement ». C'est une attitude positive et constructive. Avec la technique de l'« échappée », nous nous concentrons sur des choses que nous tenons pour acquises et nous nous demandons si elles représentent la meilleure – voire la seule – façon d'agir. Nous sommes prêts à les améliorer ou à nous en évader. Avec la méthode du « tirage au sort », nous nous exposons aux influences autres que celles directement recherchées. Nous nous soumettons volontairement aux stimulations.

Logique de la pensée latérale

L'étude du fonctionnement des systèmes autostructurants intervenant dans la perception mène logiquement à la pensée latérale. Il nous faut couper à travers les structures au lieu de les emprunter dans un sens vertical.

Dans la pensée latérale, il est question de changement surtout lorsque celui-ci nous permet de nous évader d'un schéma qui a donné satisfaction auparavant. Plus loin, j'aborderai aussi la méthode de changement que nous pratiquons couramment : la critique et la confrontation. Sa faiblesse vient de ce que le changement n'est envisagé que lorsqu'on démontre l'insuffisance d'un concept et quand la partie adverse a le pouvoir de mener le changement à terme.

Les Japonais n'ont jamais pratiqué le système d'affrontement ou la dialectique dont nous sommes si fiers en Occident. Ils s'intéressent donc beaucoup plus à l'exploration, à l'intuition et au changement tel que nous l'avons décrit. Ils sont tout à fait dans le registre de la pensée latérale. C'est sans doute pour cela que mes livres ont tant de succès auprès d'eux. Il faut noter aussi que la solidité de leurs structures existantes, loin d'empêcher le changement d'idées, les laisse libres d'explorer. Loin d'être un bastion contre le changement, la tradition, pour les Japonais, en est le point de départ.

Chapitre 6

Utiliser l'information et réfléchir

Nous avons besoin d'autant d'informations que possible. Mais nous avons aussi besoin de réfléchir. Nous avons besoin de réfléchir pour décider de quelle information nous avons besoin et où l'obtenir. Nous avons besoin de réfléchir pour faire le meilleur usage de l'information que nous avons. Nous avons besoin de réfléchir pour considérer les différentes manières possibles d'assembler l'information. Le système éducatif traditionnel inculque la notion que l'information est suffisante en elle-même ; cette attitude est démodée et dangereuse.

Il y a un être qui n'est capable ni de réflexion ni d'humour.

C'est, bien sûr, Dieu. Réfléchir, c'est passer d'un niveau de connaissance donné à un niveau supérieur. Puisque Dieu sait tout, il a déjà atteint ce niveau. Pour lui, alors, la réflexion est non seulement superflue mais impossible. L'humour aussi lui est interdit, car il ne peut y avoir aucune surprise quand on connaît tous les mots de la fin.

C'est à cause des lacunes existant dans notre information que nous sommes forcés de réfléchir.

Dans l'éducation, nous essayons de nous rapprocher d'un état « divin », celui de la connaissance parfaite. Cela devient de plus en plus dur à mesure que le volume d'informations à absorber s'accroît. C'est ce que j'appelle le « registre de l'offre de l'information ». La réflexion ne remplace pas l'information : vérifiez l'horaire, n'essayez pas simplement de réfléchir à l'heure du prochain vol pour Genève.

6. Utiliser l'information et réfléchir

Plus nous aurons d'informations, mieux nous réfléchirons et agirons. Puisque chaque petit bout d'information compte, chaque instant doit être consacré à la fourniture d'informations. Il ne reste donc pas de temps pour considérer directement la réflexion comme une technique.

Si nous avions une connaissance complète dans un domaine, la réflexion serait superflue. Puisque nous ne pouvons pas l'avoir, mieux vaudrait une meilleure maîtrise des techniques de la réflexion. C'est ce qu'illustre ce croquis :

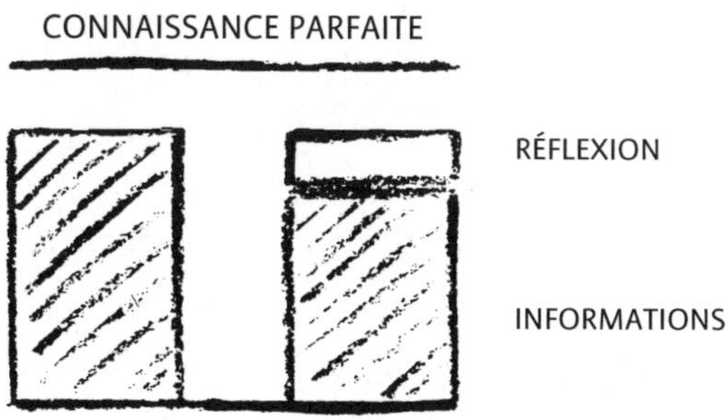

Il existe peut-être des domaines où il est possible de posséder toutes les informations, mais le plus souvent nous devons réfléchir pour suppléer les lacunes. Admettons que l'horaire indique un vol de Londres à Genève à 9 h 45, numéro de vol SR 815. Est-ce que nous devons réfléchir davantage ? Certainement. Comment se rendre à l'aéroport ? Combien de temps faut-il compter ? Est-ce l'heure de pointe ? Y a-t-il des grèves en ce moment ? Quels sont les risques de mauvais temps et comment se renseigner ? Est-ce important que l'avion soit à l'heure ? S'il y a un imprévu, comment prévenir la personne qui attend à l'arrivée ? Autant de considérations qui exigent de la réflexion.

Opérationnalité ou « savoir-agir »

Il y a un domaine où nous n'obtiendrons jamais toutes les informations, où nous serons toujours obligés de réfléchir. C'est l'avenir. Toutes nos actions, nos décisions, tous nos choix et nos plans aboutiront dans l'avenir. En somme, c'est dans l'avenir que l'« action » a lieu. Cependant, l'éducation se réfère essentiellement au passé. Il s'agit de trier, passer en revue, décrire et assimiler les connaissances existantes. Il est sous-entendu que si nous arrivons à rassembler suffisamment d'informations, l'action est claire et facile. Mais les techniques du « savoir-agir » exigent davantage : il faut réfléchir aux priorités, aux conséquences des actions, aux autres personnes concernées. Tout ceci est couvert par la méthode CoRT. J'ai inventé le terme « opérationnalité » pour désigner ces techniques d'action. À mon avis, elles devraient prendre leur place à côté du calcul, de la lecture et de l'écriture.

Une grande partie de la réflexion impliquée dans l'action nécessite l'application de ce que l'on sait, de sa propre expérience.

Le crible de l'expérience

Si toute notre expérience était immédiatement disponible, nous réfléchirions beaucoup mieux. Mais elle ne l'est pas, et nous sommes obligés de passer soigneusement en revue notre expérience pour prélever ce dont nous avons besoin à l'instant. Un des défauts les plus graves de la réflexion est ce que j'appelle la réflexion « point par point » dans laquelle on se laisse dériver d'un point à l'autre sans aucun système.

On a demandé à vingt-quatre groupes de jeunes dans la région londonienne de réfléchir à la proposition suivante : « Le pain, le poisson et le lait seront fournis au public gratuitement. » Ces jeunes avaient onze ans. Vingt-trois groupes la jugèrent mauvaise, bien que la plupart d'entre eux fussent d'origine modeste et de familles trop pauvres pour s'acheter du lait tous les jours. Voici quelques exemples typiques de leur raisonnement « point par point » : « Si ces produits étaient gratuits, tout le monde en voudrait, les magasins seraient trop fréquentés, les bus seraient trop chargés, les chauffeurs voudraient gagner davantage, ils ne l'obtiendraient pas, ils feraient grève, d'autres aussi. Donc, c'est une mauvaise idée. » Chaque point est lié au suivant mais rien n'est fait pour examiner de près le sujet lui-même.

Puisque notre expérience, y compris les informations que nous avons acquises, constitue la source principale de l'information dont nous nous servons pour un sujet donné, nous devons développer des outils d'investigation universels. Le « CAF » (Considérer Attentivement tous les Facteurs) et le « C&S » (Conséquences et Suites) sont deux outils de ce type. C'est parce que la réflexion a tendance à devenir égocentrique et étriquée que j'ai développé ces deux outils.

CAF (Considérer Attentivement tous les Facteurs)

Comme le PMI et l'APC, le CAF est un outil qui sert à diriger l'attention. C'est un moyen de concrétiser ce qui resterait autrement une vague intention de jeter un coup d'œil sur une question. Faire un CAF veut dire tenir compte de tous les facteurs qui doivent être examinés dans une situation. On n'essaie pas de les évaluer. Par exemple, un CAF sur l'achat d'une voiture d'occasion pourrait donner ceci : prix, propriétaires précédents et propriétaire actuel, kilométrage (réel ou truqué ?), prix de revente, prix par rapport à l'*Argus*, par rapport aux autres vendeurs, état du véhicule, consommation – essence, huile –, état des pneus, rouille, contrôle technique, prix des pièces détachées, proximité du service d'entretien, est-ce qu'elle correspond à ce qu'on recherche ?, etc. L'énumération n'est pas exhaustive et les points ne sont pas classés par ordre de priorité. Il y en a qui se recouvrent, par exemple la rouille et l'état des pneus pourraient se regrouper sous « état du véhicule ». Mais si l'un des points mérite une attention particulière, il doit être traité à part. Une liste générale comprendrait beaucoup de facteurs, sans attirer l'attention sur chacun ; une liste détaillée est donc utile.

En faisant un CAF, on met l'accent sur deux questions : « Qu'est-ce qui a été oublié ? » « Qu'est-ce qu'il faut ajouter ? » Un jeune couple qui s'achète un grand lit et découvre qu'il ne passe pas par la porte d'entrée a, de toute évidence, oublié un facteur important.

Faites un CAF et listez tous les facteurs à prendre en compte en réfléchissant aux points suivants :

1. Choisir sa carrière professionnelle.
2. Organiser une fête d'anniversaire.
3. Créer une meilleure chaise.
4. Écrire un polar.
5. Offrir un cadeau.
6. Choisir un animal de compagnie.

C&S (Conséquences et Suites)

La réflexion est presque toujours à court terme, car l'attraction ou le manque d'attrait d'une action sont immédiats. Ce qui nous intéresse, c'est notre avenir immédiat. Quant à notre futur, il s'arrangera tout seul. Comme nous le verrons plus loin en parlant de valeurs et d'émotions, la société a créé toutes sortes de dispositifs pour nous obliger à penser à plus long terme.

L'exercice C&S nous force à nous concentrer sur les conséquences d'une action ou d'une décision. Quatre perspectives sont à examiner : l'immédiat (délai d'un an) ; le court terme (un à cinq ans) ; le moyen terme (cinq à vingt ans) ; le long terme (au-delà de vingt ans). Ce découpage est arbitraire. Il peut être changé et précisé pour être adapté à chaque situation.

Quand on fait un C&S, on fait porter son effort sur le cadre temporel exactement comme, dans le PMI, on considère successivement les aspects Plus, Moins et Intéressant, tour à tour. C'est un exercice extrêmement difficile en partie parce qu'il n'est pas naturel. Il nous est difficile aussi de décider du découpage. Nous reconnaissons qu'une conséquence se produira à un moment donné mais nous restons vagues sur la date possible. Le C&S est un outil pratique pour nous débarrasser de ce flou.

Imaginons une découverte sensationnelle dans la technologie de l'énergie solaire. Un C&S pourrait faire apparaître les effets suivants :

- Immédiat (moins d'un an) : changement rapide des valeurs en bourse des sociétés concernées ; beaucoup de discussions, spéculation ; légère baisse du prix du pétrole ; architecture des immeubles neufs prévoyant des panneaux solaires.
- Court terme (un à cinq ans) : la baisse des prix du pétrole continue ; développement en dessous des prévisions ; prix de l'immobilier dans les villes du désert en augmentation ; emprunts par les pays du tiers-monde pour des projets de grande envergure.
- Moyen terme (cinq à vingt ans) : quelques projets marchent, d'autres n'ont pas abouti ; meilleure évaluation de secteurs où l'énergie solaire sert le plus ; deux étapes de plus dans la technologie ; reprise de la hausse des prix du pétrole ; essai de l'hydrogène comme combustible dans les automobiles.
- Long terme (au-delà de vingt ans) : division nette dans l'exploitation des énergies selon le coût et la fiabilité ; emploi important de l'énergie solaire à l'exception des transports ; hausses rapides du prix du pétrole dans les secteurs transports et pétrochimie.

Lorsque l'on fait un C&S, le découpage variera selon le thème. Par exemple, s'il s'agit d'une nouvelle mode vestimentaire, l'immédiat peut aller jusqu'à un mois, le court terme jusqu'à trois mois, le moyen terme de trois à six mois et le long terme au-delà de six mois. Vous devez préciser le découpage d'avance.

Faites un C&S sur les situations proposées ci-dessous. Décidez vous-même du temps à consacrer à chaque perspective : « immédiat », « court terme », « moyen terme » et « long terme » :

1. Abolition de tous les examens scolaires.
2. Chacun partage un emploi avec une autre personne.
3. L'essence devient littéralement hors de prix.
4. On découvre de la vie sur une autre planète.
5. On invente une machine anti-gravité.
6. Les contrats de mariage ne sont valables que pour cinq ans.

Passer au crible l'expérience vécue à l'aide des outils CAF et C&S fait partie de l'élargissement de la perception. Cela tient davantage du bon sens que de l'intelligence. Notez qu'avec le C&S, il n'y a de certitude sur aucun des points : toute réflexion sur l'avenir est de la spéculation et ne se fonde que sur des « peut-être » et des « éventuellement » avec des degrés variés de probabilité.

Densité de lecture et d'écoute

Peu de gens savent bien écouter. Le rythme d'une bonne écoute est lent. Quand on écoute bien, on ne devance pas ce qui va être dit, on ne se précipite pas pour juger, on ne passe pas son temps à préparer sa propre réponse. Celui qui sait écouter est attentif à ce qui est dit. Il va au-delà des paroles. Il extrait le maximum d'informations de ce qu'il entend en cherchant à « lire entre les lignes », en se demandant pourquoi on a exprimé quelque chose d'une certaine façon. C'est une écoute active parce que l'imagination de celui qui écoute est chargée de « possibles » et de « probables ».

La densité d'une lecture ressemble à la densité d'une écoute. Le lecteur lit entre les lignes et tient compte des implications du texte. C'est l'opposé de la lecture rapide qui ne s'intéresse qu'aux grandes lignes qui se dégagent du texte. Si vous voulez savoir ce qui va arriver et terminer le texte rapidement, vous ne lirez pas d'une « lecture dense ». Les deux types de lecture « rapide » et « dense » ont leur place et leur valeur. Comme d'habitude, réfléchir c'est savoir quelle technique adopter à quel moment.

La lecture dense – en profondeur – exige beaucoup de réflexion. On ne perçoit souvent les implications que si l'on crée un nombre de situations possibles autour du texte.

Regardons ce que peut laisser entendre une remarque que j'ai faite un jour devant une classe à Barcelone : « Il me semble qu'il y a beaucoup de magasins de chaussures à Barcelone. » Cela pouvait suggérer que :

- j'avais visité le quartier où se trouvaient les magasins de chaussures ;
- j'étais plutôt à pied qu'en voiture ;
- il y avait beaucoup de ces magasins dans une partie de la ville ;
- je voulais peut-être acheter des chaussures ou je m'intéressais particulièrement aux magasins de chaussures ;
- les marges bénéficiaires des chaussures étaient importantes en Espagne ;
- les gens portaient davantage de chaussures ;
- les touristes achetaient des chaussures à Barcelone ;
- les chaussures s'y usaient plus vite ;
- les taxes professionnelles n'étaient pas très élevées ;
- ces magasins étaient concentrés dans certains quartiers de la ville.

La plupart de ces déductions sont purement spéculatives sur la base de « il se peut que... ». Avec une seule affirmation, on ne peut guère aller plus loin. Quand on est en face de plusieurs affirmations, les déductions peuvent se recouper et construire quelque chose de mieux étayé. Dans l'exemple choisi, si par la suite le texte parlait du prix élevé de l'immobilier à Barcelone, cela voudrait dire que les gens achètent beaucoup de chaussures ou que les marges bénéficiaires sont élevées. Et, de la même façon, si Barcelone était mentionnée comme centre touristique, cela augmenterait la probabilité de ventes importantes de chaussures.

Il n'y a ni truc ni secret en ce qui concerne la lecture et l'écoute « denses » : il faut simplement *vouloir* les pratiquer.

La logique

La logique est un moyen de générer de l'information, d'extraire d'autres informations de ce qui est disponible. Par exemple, nous ne savons pas s'il y a une route de A à C. Mais nous savons qu'il en existe une entre A et B, et entre B et C. En rassemblant ces deux informations, nous déduisons qu'il doit être possible d'aller de A à C.

La logique du type « classification » dont on a déjà parlé est un autre moyen d'obtenir de l'information. Une fois qu'on a montré qu'un élément fait partie d'un ensemble, on peut alors déduire que cet élément possède toutes les propriétés de l'ensemble. C'est un peu, comme je l'ai déjà fait remarquer, un raisonnement circulaire – parce que normalement nous n'aurions pas classé une chose dans un ensemble sans savoir que cette chose en possédait toutes les qualités –, mais c'est pratique, surtout quand on est confronté au langage plus qu'aux événements et aux choses.

Un autre aspect de la logique est qu'elle construit un univers (par exemple les mathématiques) et qu'ensuite elle explore les relations existant à l'intérieur de cet univers. Le danger à éviter est de transférer les conclusions obtenues d'un univers particulier au monde réel.

Dans un univers sphérique, nous pouvons simultanément nous approcher de A et nous en éloigner (imaginez un circuit de chemin de fer en forme de cercle). Ceci semble à première vue contradictoire.

Quand on a parlé de la spéculation dans ce chapitre, les mots-outils étaient : « peut-être », « éventuellement ». Maintenant on parle en terme de logique et on a besoin de plus de netteté ; les mots-outils seront : « doit être », « ne peut pas être ». Au lieu d'un chevauchement de champs de possibilités, nous nous efforçons de passer d'une étape à l'autre avec la certitude de la déduction. Là où le système marche, il est efficace, mais il est moins facile de l'appliquer au monde réel qu'on ne le prétend.

Obtenir plus d'informations

Jusqu'ici, il a été question d'une meilleure exploitation de l'information déjà en notre possession. Obtenir plus d'informations (de l'extérieur) peut consister en : 1° savoir utiliser des sources d'information ; 2° savoir poser des questions ; 3° savoir expérimenter.

L'emploi des sources d'information est à lui seul tout un monde auquel on ne prête pas suffisamment d'attention. Savoir où et comment chercher est aussi important que n'importe quelle technique de réflexion. La démarche doit être la même que dans la solution d'un problème : chercher à savoir où l'on veut aboutir et explorer les moyens d'y parvenir.

Poser des questions

L'emploi judicieux de questions est le principal outil de l'avocat. En termes généraux, les questions sont de deux types. D'abord la question « flèche » : nous savons précisément ce que nous visons ; nous attendons en réponse un « oui » ou un « non » et on pourrait même orienter la réponse par le choix de la question. Nous souhaitons peut-être une confirmation ou un démenti ; par exemple, lorsqu'on demande : « Es-tu allé à Londres hier ? » il s'agit d'une question « flèche », car on connaît la cible.

Avec la question « hameçon », nous laissons l'appât au fil de l'eau en attendant que ça morde. « Où es-tu allé hier ? » est une question de ce type parce que nous n'imaginons pas d'avance ce que la réponse pourra bien être. Ces questions servent à « ouvrir » une situation. On s'en sert aussi quand le nombre de possibilités imaginables est tellement vaste qu'il faudrait toute une série de questions « flèches » pour en arriver à plus de précision. Mais même dans la question « hameçon », il y a plusieurs degrés de précision. Par exemple, la question : « Qu'as-tu fait hier ? » est plus vaste que : « Où es-tu allé hier ? »

Il est évidemment impossible de poser une question sans arrière-pensée. L'important, c'est de définir cette pensée et puis de calculer comment lui donner suite. Formuler des questions n'est pas aussi facile qu'il peut paraître. Il est facile de poser n'importe quelle question, mais c'est une autre affaire de poser des questions d'une façon économique et efficace. C'est une question de style.

Formulez deux questions « flèche » et deux questions « hameçon » pour chacune des situations ci-dessous :

1. Savoir si une personne a apprécié ses dernières vacances.
2. Rechercher un nouveau restaurant.
3. Découvrir ce qu'une personne aime faire.
4. Découvrir pourquoi une personne semble soudain avoir beaucoup d'argent.
5. Questionner une personne au sujet d'une collision entre deux voitures.
6. Décider d'acheter un nouvel appareil photo.

Réaliser des expériences

Faire une expérience est poser une question à l'environnement. D'habitude, c'est une question-flèche, en ce sens que l'expérience marchera ou ne marchera pas. Elle répond à un certain nombre d'espoirs, à une attente. Un jeu simple peut nous en apprendre beaucoup sur la façon de réaliser des expériences. Quelqu'un fait un petit dessin qui contient une caractéristique. Il faut la rechercher en faisant des « expériences », en l'occurrence d'autres dessins. Si l'autre dessin contient la caractéristique « cachée », ça marche, et on coche (✓). Sinon, le dessin est rejeté et barré.

Le jeu peut se présenter comme suit.

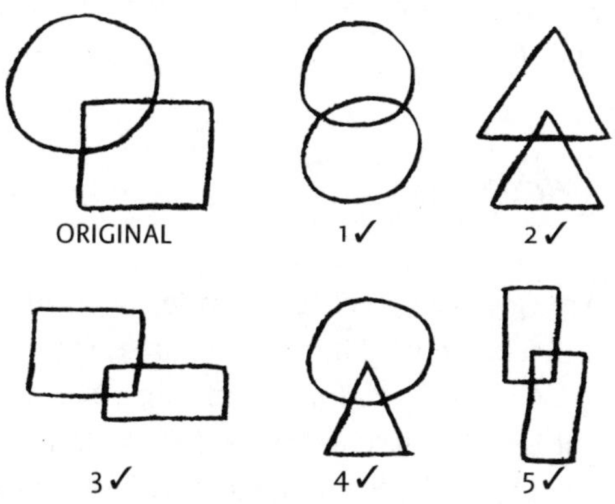

Le dessin de départ est suivi par toute une série d'expériences, toutes réussies. Celui qui fait l'expérience, cependant, n'a pas beaucoup avancé. À l'inverse, observez le dessin suivant.

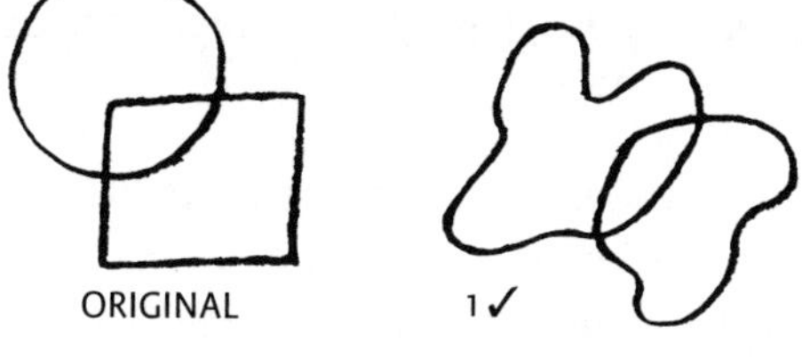

Dans cette deuxième expérience, on va plus loin que la première série. Le dessin marqué correct (✓) exclut d'office que la caractéristique à trouver soit de forme régulière. C'est un grand saut en avant. L'hypothèse est audacieuse. Elle exclut d'un seul coup toute une gamme de possibilités qu'on aurait dû autrement tester une à une.

La préparation d'expériences nécessite, tout comme la formulation de questions, une réflexion attentive. Quel est le maximum qu'on puisse tirer d'une expérience ? Est-ce un maximum de certitudes ? Est-ce un maximum d'informations ?

L'information négative est importante. Dans certains cas, plus importante encore que l'information positive, car elle peut exclure toute une gamme de possibilités.

Trier l'information

Les problèmes exposés avec précision dans les livres de mathématiques fournissent clairement toute l'information nécessaire. On encourage l'élève à se servir de toute l'information fournie. Dans la vie, cependant, les choses ne sont jamais aussi nettes. Parfois il n'y a pas suffisamment d'informations pour résoudre le problème. Parfois il y en a trop.

Dans un de mes livres, *The Five Day course in Thinking*, je pose un problème concernant la construction d'un pont de couteaux entre deux bouteilles sur lequel on doit poser un verre d'eau. Je dis qu'on peut utiliser quatre couteaux. En fait, on peut résoudre le problème en se servant de trois couteaux seulement. On m'a beaucoup critiqué en m'accusant même de tricher...

Trier l'information pertinente est une partie importante du traitement de l'information. Cela devient encore plus important quand la recherche de l'information exige du temps, de l'argent et des efforts.

IS-IR (Information en Stock, Information à Rechercher)

Voici un autre outil de la méthode CoRT. Les lettres IS-IR représentent Information en Stock et Information à Rechercher. C'est un examen de ce qui est fourni et de ce qui manque. On examine l'information disponible de la façon approfondie (« dense ») déjà traitée dans ce chapitre. On en tire toutes les implications et déductions logiques – c'est la partie IS.

Ensuite, on examine les lacunes de l'information. Elles sont difficiles à repérer parce qu'il faut les déduire. Il faut voir clairement ce qu'on recherche. Ces lacunes sont définies et délimitées soigneusement. On doit être aussi conscient de ce qui n'est pas disponible que de ce qui est fourni.

Faites un IS-IR pour les situations suivantes. Dressez une liste de ce qui est, habituellement, fourni (IS) et de ce qui manque (IR) :

1. Choisir un nouveau lieu de vacances.
2. Emprunter de l'argent pour acheter une maison.
3. Acheter un jeu de société.
4. Organiser une soirée.
5. Décider de prendre des cours de langue étrangère.
6. Partager une tente avec quelqu'un.

Deux utilisations

Nous avons besoin et d'information et de réflexion. L'une ne remplace pas l'autre. En ce qui concerne l'information, notre réflexion peut être utilisée à deux effets. Le premier vise l'information même : l'obtenir, extraire le maximum d'information disponible, la vérifier. Le second, c'est l'emploi de l'information dans un but de réflexion : pour une décision, une action, un choix, un plan, un projet ou pour le plaisir.

Chapitre 7
Les autres

La plupart du temps, réfléchir, ce n'est pas résoudre une énigme ou un casse-tête. La plupart du temps, réfléchir concerne les autres.

Il est donc regrettable que le fruit de la civilisation occidentale – et ceci est toujours d'actualité – soit un type de pensée inutile, inefficace et toujours plus dangereux. La philosophie et la pratique de la pensée occidentales sont en effet obsédées par le « choc des idées », qui consiste à faire s'affronter deux opinions opposées. Observez ce qui se passe dans une discussion, un débat, une controverse ou toute forme de dialectique. La méthode est couramment pratiquée en politique, dans les tribunaux, dans le monde des affaires et dans la vie quotidienne. Nous sommes persuadés que de l'affrontement naîtra une idée nouvelle, meilleure. Nous avons même été jusqu'à faire de cette méthode notre unique stratégie de changement.

Les inconvénients de l'affrontement sont nombreux. Tandis qu'un des deux camps attaque, l'autre est sur la défensive, et chaque point de vue devient plus dur et perd ses chances de se manifester clairement. C'est ce que suggère le dessin ci-dessous. Le besoin d'attaquer et de se défendre exclut la possibilité d'une démarche mentale fructueuse. C'est sans doute la raison pour laquelle je trouve la classe politicienne moins attirée par la réflexion et les idées nouvelles que toute autre catégorie – y compris les Églises.

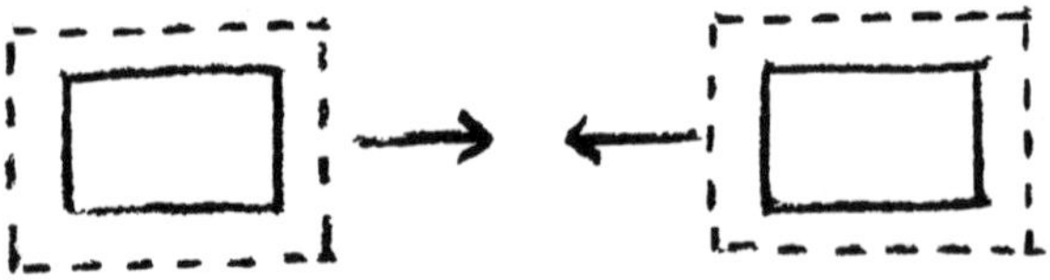

7. Les autres

Dans l'affrontement, l'un ou l'autre point de vue finit par l'emporter, comme dans une élection politique. Le vaincu ressent de l'amertume ; il est déçu et n'a aucune intention de contribuer au bon fonctionnement du nouveau système. Ce sentiment d'amertume est à prendre très au sérieux parce que, dans la plupart des cas, les vaincus d'une élection sont plus nombreux que les vainqueurs. Le dessin ci-dessous suggère ce qui se passe alors.

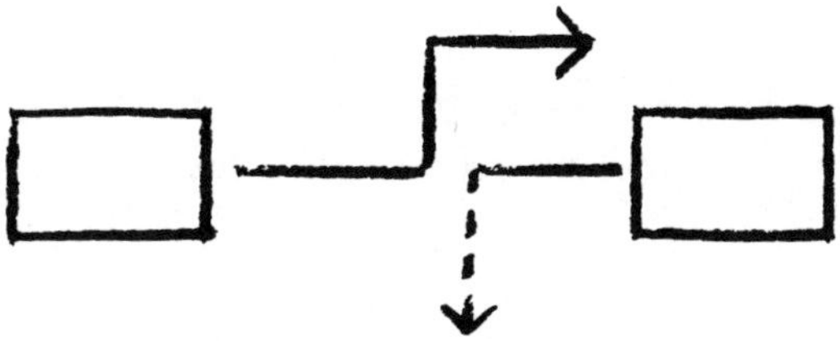

Dans maints domaines, le grave défaut de l'« affrontement » est que, pour amorcer l'idée de changement, il faut d'abord attaquer l'opinion existante. Il faut non seulement l'attaquer, mais prouver qu'elle ne convient pas. On n'imagine pas d'absurdité plus grande. Une idée a pu être bonne en son temps et l'être toujours : cela n'exclut pas la possibilité d'en trouver une meilleure encore. D'autre part, nous ne sommes jamais assurés de pouvoir démontrer l'insuffisance de l'opinion en question – surtout si nous fonctionnons à partir de concepts générés par cette opinion. Et c'est ainsi que nous ne sommes jamais en mesure d'explorer les possibilités de changement.

Un autre inconvénient de taille est que si nous devons détruire une opinion existante afin d'amorcer la recherche d'une idée mieux adaptée, et si nous ne trouvons pas cette idée... il n'y a plus de retour possible à la case départ. C'est là que réside le grand danger de la controverse politique : on passe tant de temps à attaquer l'autre que les deux parties perdent toute crédibilité. Personne n'est gagnant dans cet échange. Dans le système japonais tel que nous l'avons déjà examiné, les structures actuelles existantes ne doivent pas être critiquées avant que les possibilités de changement n'aient été recherchées. Non seulement on gagne du temps, mais l'énergie mentale est canalisée dans des directions meilleures. Cela signifie également que l'idée de départ n'est pas dévalorisée tant qu'une autre idée, jugée meilleure, ne la remplace pas.

Il est assez facile de retracer l'origine de cette curieuse habitude de pensée si courante en Occident. Au Moyen Âge, la pensée et l'acquisition des connaissances – tout comme l'avenir de la civilisation – étaient aux mains de l'Église. Le reste de l'humanité était beaucoup trop occupé à tuer ou se faire tuer… L'Église avait la charge des écoles et des universités. Elle était la grande pourvoyeuse de « penseurs ». Il était juste que la fonction principale des penseurs de l'Église soit de préserver la théologie de l'époque, car, en ce temps-là, la théologie était chose sérieuse. Préserver la théologie signifiait combattre et annihiler les nombreuses hérésies qui naissaient de partout. C'était une tâche ardue car de nombreux hérétiques étaient des personnalités brillantes. C'est ainsi qu'on a attaché de plus en plus d'importance à l'argumentation et à la critique destructive. Tout ceci était parfaitement cohérent et faisait un bon usage des facultés de réflexion. Si vous pouviez démontrer que l'hérésie était une absurdité, votre théologie était sauve et intacte. Et puisque ce sont des mots qui transmettent le contenu de la théologie, les arguments utilisés étaient des arguments sémantiques. C'est ainsi que naquit la scolastique, qui n'est en fait applicable qu'à l'argumentation sémantique. La contribution de la philosophie grecque que l'on découvrait alors – en particulier le dialogue socratique – facilita considérablement cette évolution.

Ainsi donc naquit la méthode de l'« affrontement », du « choc des idées ». Et puisque l'Église contrôlait les écoles et les universités, ce langage devint celui de la pensée occidentale. Et parce que les universités et les écoles ont l'habitude de choisir leurs successeurs à leur image, rien n'a changé à ce jour. Témoin, un éditorial dans le *Times* – il y a quelques années – qui se faisait l'écho de ce que beaucoup pensent, à savoir que l'objectif de l'éducation est d'exercer le sens critique. Mais il oubliait ceci :

pour que le sens critique ait une valeur quelconque, il faut – quelque part – une bonne dose de pensée créative.

Il n'est pas difficile de voir la raison du succès de la méthode de l'affrontement des idées. La critique négative offre largement l'occasion d'exercer une apparence de réflexion. C'est le refuge de l'esprit médiocre qui, incapable de faire autre chose, trouve la critique facile. C'est en effet une des formes de pensée les moins chères. Je veux dire par là que vous pouvez critiquer n'importe quoi en changeant simplement le cadre de ce que vous voyez. Par exemple, si le dessinateur a conçu une chaise toute simple, vous la décrivez comme « austère », « ennuyeuse », « carcérale ». Mais s'il s'était agi d'une chaise plus ouvragée, il vous aurait suffi de recadrer le contexte et de dire qu'elle est « tarabiscotée », « prétentieuse », « surchargée » et même « de mauvais goût ».

Il y a plusieurs années, dans le *Times Educational Supplement*, je suggérais qu'on introduise dans les écoles une nouvelle discipline : celle de la réflexion. Je soulevai alors un tollé de protestation, car « cela ne doit pas se faire » ni « ne peut se faire ». Quand, un an plus tard, je rendis compte de l'expérience qui se déroulait, cela souleva bien peu d'intérêt. Encore récemment, un enseignant déclarait que le matériel du cours « CoRT » était inutilisable... Il ignorait qu'il était utilisé avec succès dans des milliers d'écoles, depuis des années, et même dans des écoles voisines de la sienne !

La critique négative occupe facilement les esprits médiocres. Malheureusement, elle fascine également les esprits brillants. Nous l'avons signalé au moment où nous avons parlé du « piège de l'intelligence ». La raison en est que la critique négative donne immédiatement l'impression que l'on a accompli quelque chose et que l'on est supérieur aux autres. Ce qui est grave, c'est que tant d'esprits brillants en Occident se laissent enfermer dans cette approche qui n'a rien de constructif. Car nous n'en sommes pas au point où l'effervescence d'esprit créatif est telle qu'il faille en appeler aux esprits critiques pour éviter un déchaînement incontrôlable... Bien au contraire, nous avons besoin de faire un immense effort pour développer l'esprit de création, d'élaboration et de conception. Je ne pense pas que nos systèmes éducatifs officiels se risquent à prendre cette voie.

Mais il y a plus. En prouvant que c'est l'autre qui se trompe, nous prouvons que nous avons raison. Si cela était le cas pour la théologie au Moyen Âge, cela ne l'est plus actuellement, car le monde, tel qu'il est, n'est pas comparable à l'édifice d'une théologie. Dans le langage de tous les jours, si vous démontrez que l'autre a tort et s'il démontre que vous avez tort, il est fort possible que vous ayez tort tous les deux. Sans doute l'aspect le plus inutile de ce langage négatif est la destruction d'une idée positive. Une idée peut être juste à 90 % et fausse ou inadaptée à 10 %. Alors, que faire quand on est un « grand penseur » ? Rectifier ces 10 % ? Non ! Le « grand penseur » saute sur les 10 %, démontre qu'ils ne valent rien, insinue que quiconque soutient cet argument est un imbécile. Il s'ensuit que les 90 % restants de la démonstration sont le fruit d'une pensée imbécile et que par conséquent l'argument est ridicule.

Il est inutile de réfléchir longtemps pour évaluer à la fois le manque de sérieux et l'attrait de la méthode du « choc des idées ». Nous ne devons pas sous-estimer la nécessité de son existence dans notre culture mais il est absurde qu'elle y ait une place prépondérante. Bien sûr, en attaquant ce type de langage, j'ai moi-même donné libre cours à ma pensée négative. Peut-être est-ce parce qu'il faut attaquer un langage avec ses propres armes et que l'attaque en fait partie.

« Exclectique »

Nous voici arrivés à la phase constructive. Si le heurt des idées et la dialectique sont inutiles et dangereux, par quoi les remplacer ? Par l'approche « exclectique ». C'est quelque chose comme la lecture d'une carte, d'un schéma. C'est aussi concevoir du neuf. C'est parler un langage constructif plutôt que destructif. L'exclectique cherche à extraire d'une situation sa richesse sans s'inquiéter du côté où on la trouvera.

C'est bien plus qu'un compromis ou un consensus. Le compromis appartient encore au système du « choc des idées » et suggère que les deux parties renoncent à quelque chose pour gagner par ailleurs. Le consensus signifie qu'on en reste à cette partie de la proposition qui a reçu l'accord de tous. C'est un type d'approche passive, au dénominateur commun peu élevé. L'exclectique ressemble plutôt à la méthode de l'« osmose » telle que les Japonais la pratiquent : il n'y a, au commencement, aucune opinion qui s'oppose ou se différencie par rapport au thème. Il n'existe qu'une écoute et une exploration communes. Plus tard seulement les idées nouvelles commencent à émerger. Les opinions « prennent » peu à peu, après plusieurs réunions ou rencontres, alors qu'en Occident les opinions sont introduites dès le premier contact. L'exclectique ne concerne pas les opinions mais le « terrain ». Il s'agit du même écart qui sépare le piège de l'intelligence du « PMI » (Plus, Moins, Intéressant).

Avec l'exclectique, l'accent est mis sur l'avancée de la conception plutôt que sur le jugement étape par étape. On accepte les possibilités et on les compare, puis on cherche à avancer dans la conception du projet (voir mon livre *Parallel Thinking*).

Les outils proposés dans la méthode « CoRT » pour l'exclectique sont des instruments d'exploration, de « cartographie » ou de mise en schéma.

EDC (Examiner les Deux Côtés)

Dans une discussion, le dialecticien cherche à déceler les faiblesses de son adversaire. « EDC » veut dire Examiner les Deux Côtés, mais cet examen est destiné à explorer ce qu'est vraiment le point de vue de l'autre – non pas les termes mêmes de l'argumentation, mais le contexte et l'arrière-plan. Cette exploration est neutre. On peut, par exemple, demander d'expliciter un point de vue et, au dernier moment, demander de défendre le point de vue opposé. L'objectif alors n'est pas de démontrer sa flexibilité dans la discussion mais d'encourager un véritable examen des deux parties – à tel point qu'en lisant le devoir d'un élève on ne puisse dire de quel côté il se place. Utiliser un « EDC » n'écarte pas la possibilité d'avoir une opinion à soi, un système de valeurs ou une préférence, mais tout ceci sera exprimé *après* et *non avant* l'exploration.

L'EDC est l'un de ces outils qui servent à orienter l'attention. Son usage semble beaucoup plus facile qu'il ne l'est en réalité. En général, l'effort que l'on fait pour examiner l'autre point de vue est timide et rapide, car l'on craint qu'une analyse trop poussée ne diminue l'ardeur avec laquelle on défend son propre point de vue.

Utiliser l'EDC ressemble – jusqu'à un certain point – à ce que fait une patrouille de reconnaissance sur le territoire ennemi en temps de guerre. Mais la différence essentielle réside en ce que, contrairement à la patrouille qui cherche des emplacements à bombarder ou à saboter, l'EDC encourage l'examen du territoire dans un but constructif. La faiblesse de l'instrument est dans la difficulté à respecter cette différence dans les attitudes. La neutralité et l'objectivité de l'analyse sont d'une importance capitale. Ce qui est demandé au « cartographe » à qui l'on a confié cette mission, c'est d'être objectif.

Essayez de pratiquer un EDC dans les situations suivantes :

1. Fumer devrait être interdit dans tous les lieux publics.
2. Les travaux d'intérêt général devraient être obligatoires pour tous les jeunes.
3. L'impôt sur le revenu devrait être augmenté.
4. Une taxe devrait être imposée sur les chiens et les chats.
5. L'école devrait être obligatoire jusqu'à 18 ans.
6. Les femmes au foyer devraient toucher un salaire pour leur travail.

ADRAV (Accord, Désaccord, Rien À Voir)

L'exercice précédent (EDC) mène presque tout naturellement à l'ADRAV – qui signifie Accord, Désaccord, Rien À Voir.

On compare les deux plans (comme dans l'EDC) et on note les points d'accord. Ensuite, c'est le tour des points de désaccord, et finalement les points qui n'ont rien à voir avec le sujet. Il ressort souvent d'une exploration neutre que si les points de désaccord sont tout à fait minimes, ils prennent une importance beaucoup plus grande dans la discussion parce qu'aucune des deux parties n'ose faire la moindre concession, de peur qu'elle ne soit utilisée contre elle. À la fin d'un ADRAV qui a bien fonctionné, les deux parties devraient être en mesure de désigner le point de désaccord : « Notre différend porte sur ceci... » Comme les points de convergence sont souvent nombreux, on peut en profiter pour tenter de contourner les différends. De toute façon, on se trouve en possession d'une base de négociation plus solide.

Isoler le point de désaccord veut également dire qu'on l'examinera plus tard pour déterminer si ce désaccord est fondamental. Quel que soit le résultat, la progression sera plus facile que lorsqu'on utilise l'opposition totale du système adverse. Même si le désaccord fondamental appartient au domaine des principes ou des valeurs morales, il devient plus facile de concevoir une issue qui satisfasse les deux parties. Par exemple, si l'on s'accorde sur le principe qu'un changement interviendra finalement, le différend portera sur le rythme, la méthode et les étapes du changement.

L'ADRAV peut être pratiqué séparément par chaque partie ou en collaboration l'une avec l'autre. La procédure la meilleure est la coopération mais cette solution dépend de l'état d'esprit des deux parties. Si l'atmosphère est tendue, il vaudra mieux que chaque partie utilise l'ADRAV séparément. Même si l'une des parties refuse de la faire, rien n'empêche l'autre de pratiquer l'ADRAV et de soumettre à l'autre le résultat obtenu pour qu'elle apporte des modifications.

Voici un exemple concret : une jeune fille de quinze ans veut fumer. Son père et elle ont une discussion à ce sujet. L'ADRAV fait apparaître les points suivants :

Les points d'accord

- Le père a le droit d'avoir son opinion, la fille aussi.
- Le tabac est dangereux pour la santé, dans l'immédiat et l'avenir.
- Beaucoup de filles de son âge fument.
- Le père a le droit d'interdire qu'on fume chez lui.
- Les cigarettes coûtent cher.
- La décision, en dernier recours, devra être prise par la jeune fille tôt ou tard.

Les points de désaccord

- Le père a-t-il le droit, oui ou non, de prendre la décision à la place de sa fille, simplement parce qu'elle habite chez lui ?
- Oui ou non, est-ce un mal de fumer quelques cigarettes par jour ?
- De quoi s'agit-il, en fait, du tabac ou de l'indépendance de la jeune fille ?
- Si la jeune fille ne fume pas maintenant, cela veut-il dire qu'elle ne s'y mettra pas plus tard ?

Les points qui n'ont rien à voir

- Le père de sa copine lui permet de fumer.
- Son père lui a imposé d'autres interdits.
- Son père est lui-même un fumeur.
- Les fumeurs ne font de mal à personne d'autre qu'à eux-mêmes.
- Elle pourrait se révolter.
- Elle peut fumer en cachette de toute façon.

7. Les autres

Imaginez un ADRAV dans les cas suivants :

1. Un voisin met de la musique trop fort la nuit.
2. Les employés veulent une augmentation de salaire mais la direction dit que cela engendrerait une hausse des prix trop importante.
3. Une route doit être construite en plein milieu d'une campagne jusqu'alors préservée.
4. Une adolescente de dix-sept ans veut avoir quartier libre la nuit.
5. Les producteurs de films veulent faire des films très violents.
6. Les amendes pour les voitures garées dans des endroits non destinés au stationnement vont doubler.

À chacun sa bulle logique

Si quelqu'un est en désaccord avec vous, ou s'il n'agit pas comme vous pensez qu'il le devrait, vous avez le choix entre différentes attitudes à son égard : ou bien il est stupide, ou bien il cherche à « emmerder le monde », ou bien il est entêté... Mais il y a une autre attitude possible : il est doué d'une vive intelligence et il agit avec intelligence à l'intérieur de sa « bulle logique ». Or il se trouve que sa bulle logique est différente de la vôtre. Comme le dessin ci-contre le suggère, une bulle logique est cet espace perceptif dans lequel un individu réagit. Cette bulle englobe la perception de la situation, de la structure, du contexte et des inter-relations.

Trop souvent, nous exigeons des gens intelligents qu'ils agissent et, par ailleurs, nous nous plaignons quand ils font preuve d'intelligence... Regardons, par exemple, ce qui se passe dans le domaine de la créativité, quel que soit le type de bureaucratie à grande échelle auquel on pense. Si quelqu'un tente une innovation et échoue, son échec lui colle à la peau tout au long de sa carrière. Il ne peut s'en libérer avec un succès obtenu plus tard comme ce serait le cas dans le monde des affaires. Si son idée d'innovation marche, on lui reproche de ne pas y avoir pensé plus tôt – ou de ne pas l'avoir appliquée plus tôt. Il risque également, en cas de succès, d'être classé comme un « homme à idées », ce qui veut dire que – bien que son innovation ait été bonne – d'autres idées pourraient ne pas l'être. Et quand le moment est venu de nommer un chef de service, on choisit de préférence un homme « sans risques » à un homme « à idées ». Pour toutes ces raisons, l'innovation n'est pas considérée comme un comportement d'intelligence, comme l'est la survie. Aussi, est-il difficile de reprocher à quelqu'un d'agir avec logique dans sa propre bulle logique.

Depuis un certain temps, une entreprise connaît de nombreuses grèves sauvages. Une fois que l'idée de la grève est suggérée, les ouvriers ne veulent pas laisser tomber leurs camarades, et la grève a lieu. L'entreprise décide une petite prime pour chaque semaine de travail sans grève. Les grèves diminuent dans la proportion d'un sixième : est-ce une tentative de corruption ? Il s'agit, en fait, d'un changement intervenant dans la bulle logique au moment où l'on commence à parler de grève. Au lieu de suivre la décision générale, l'ouvrier a maintenant une raison de se demander « pourquoi ? ». Bien qu'il soit, peut-être tout autant qu'avant, décidé à suivre la grève, ce léger changement intervenu au moment de sa prise de décision a modifié son raisonnement parce qu'il a modifié sa bulle logique.

Il est probablement très rare qu'on agisse logiquement à l'intérieur de sa bulle logique. Mais si l'on veut rester dans le domaine pratique, cette méthode a le mérite de diriger l'attention non pas sur la stupidité de l'autre – ce qui est difficilement modifiable –, mais sur la situation – qui se modifie plus facilement – où le comportement se justifie tout à fait.

La bulle logique englobe à la fois la situation dans laquelle se trouve un individu et sa « perception » de la situation. Par exemple, une récompense peut être en réalité accordée pour un comportement donné, mais être perçue comme une tentative de corruption. Dans une entreprise où j'avais été appelé comme consultant pour donner mon avis sur la façon de rendre les cadres plus conscients de la conjoncture, j'avais suggéré la création d'un fonds de prévoyance que les cadres pourraient utiliser pour financer les imprévus, ce qui aurait évité de puiser dans le budget de fonctionnement. L'un des cadres objecta qu'il ne voulait pas « risquer » d'utiliser le fonds de prévoyance parce qu'il savait qu'il serait jugé sur la façon dont il l'avait utilisé. En d'autres termes, sa bulle logique a fonctionné en tenant compte de l'opposition manifestée dans l'entreprise vis-à-vis du risque. L'objectif même du fonds de prévoyance disparut. Ce cadre admit, cependant, que l'existence même du fonds lui avait permis de découvrir de nouveaux domaines qu'il considérait maintenant comme des perspectives nouvelles, mais qu'il utiliserait pour cela son propre budget.

Quelle que soit la situation, il est utile de repérer les bulles logiques des personnes à qui l'on a affaire. C'est particulièrement important dans le domaine de la motivation. Dans l'entreprise, la direction considère que la motivation est vitale. Mais la motivation dépend de la bulle logique de ceux qui doivent être motivés, et non de la bulle logique de la direction. Ceci est également vrai pour les problèmes soulevés par le changement. La personne qui suggère un changement est convaincue de la valeur de sa propre proposition, mais les gens qui vont devoir exécuter ce changement ont leur propre bulle logique, et le changement veut dire en général accepter des risques, la pagaille et un nouveau statut.

Essayez de faire cet exercice : décrivez la bulle logique des gens qui se trouvent dans les situations suivantes :

1. Un officier de marine qui estime que son supérieur lui a donné un ordre erroné et que le navire va vers une collision.

2. Un journaliste, spécialisé dans les potins, découvre une affaire croustillante où l'un(e) de ses ami(e)s est impliqué(e).

3. Darwin, au moment où Alfred Russell Wallace fit état de la même théorie de l'évolution (sur laquelle il travaillait depuis des années).

PVA (Point de Vue de l'Autre)

Il s'agit d'un outil de la méthode CoRT. Il recouvre partiellement l'EDC (Examiner les Deux Côtés) et la bulle logique. Mais il est plus simple à utiliser et plus commode pour orienter l'attention vers les autres personnes impliquées dans la situation. Le sigle « PVA » veut dire Point de Vue de l'Autre. Il s'agit d'essayer de se mettre à la place de l'Autre (« dans ses chaussures »), et de regarder, à partir de cette position, ce qui se passe.

La technique comprend deux parties. Dans la première, on identifie les autres personnes qui font partie de la situation. Dans la seconde, on se met à la place de ces gens.

Les prix des produits agricoles augmentent à la production. Vous faites un PVA sur ce problème. Dans la première partie, vous identifiez les différents acteurs de la situation : les fermiers, les grossistes, les détaillants, les industriels, les consommateurs, les ménagères, le public en général, les économistes, le gouvernement, etc. Puis, il s'agit d'entrer dans le raisonnement de chacun. Par exemple, le détaillant sera peut-être satisfait s'il parvient à conserver sa marge entre son prix d'achat et son prix de vente. D'un autre côté, si la demande baisse ou si les clients achètent un autre type de produit, le détaillant va finalement y perdre. Quant aux industries de transformation, elles vont pâtir de l'augmentation de la matière première ; mais si les clients se mettent à acheter des produits alimentaires industrialisés parce qu'ils sont moins chers que les produits frais, l'industrie y gagnera.

Autre exemple : une entreprise de jouets située dans une ville industrielle découvre qu'elle peut être compétitive à l'importation à la seule condition de maintenir ses prix à l'intérieur de limites bien définies. L'inflation fait monter les salaires et les ouvriers de l'entreprise demandent une augmentation alignée sur celle qu'ont obtenue les ouvriers des autres secteurs. Les syndicats soutiennent cette revendication. Un PVA peut prendre la forme suivante :

Le point de vue des actionnaires

- Si l'usine fonctionne à perte, elle fermera.
- La direction devrait faire preuve d'innovation et trouver de nouveaux produits.
- Investir dans des bons du Trésor ou l'immobilier rapporterait davantage.

Le point de vue du PDG

- Si l'usine ferme, lui-même sera également au chômage.
- Il est facile aux actionnaires de recommander la création de produits nouveaux, mais le problème de rester compétitif sera le même...
- Pour les actionnaires de l'entreprise, demander un accroissement de la productivité, c'est vite dit... La dernière campagne a épuisé pratiquement toutes les possibilités !
- Les ouvriers doivent faire face à la réalité : ou bien l'usine continue ou l'activité s'arrête.

Le point de vue des ouvriers

- Ils ont besoin de vivre comme tout le monde. Les prix – ceux de la nourriture entre autres – ont augmenté avec l'inflation. Il faut augmenter les salaires.
- La marge bénéficiaire devrait être réduite pour le moment.
- La direction devrait améliorer la distribution et la conception de produits nouveaux.
- Le gouvernement devrait taxer les importations en provenance des pays dont la main-d'œuvre est bon marché.

Le point de vue des responsables syndicaux

- Ils sont élus pour représenter les ouvriers, et leur devoir consiste à veiller à ce que les ouvriers soient bien traités.
- Si l'on faisait une exception et que l'on n'accordait pas des salaires normaux dans cette usine, cela pourrait être utilisé comme un précédent et cela déséquilibrerait l'échelle salariale.
- Les actionnaires sont socialement responsables vis-à-vis des ouvriers, car ils ont aidé à construire l'entreprise.
- La direction devrait être plus efficace.
- On devrait faire un emprunt pour sortir de cette période difficile.

Le point de vue des familles

- Il faut davantage d'argent aux familles pour se nourrir.
- Est-ce vraiment à pile ou face : moins d'argent ou plus de travail ?
- Est-ce le moment de partir à la recherche d'un autre travail ?
- Est-ce que la situation va s'améliorer ou empirer ?
- Pourquoi les syndicats ne sont-ils pas plus efficaces ?

- Un travail bien fait doit être bien payé.
- Est-ce que la menace de fermeture de l'entreprise est réelle ou simplement une menace ?
- Le gouvernement devrait réagir aux importations à bas prix.

Un PVA plus complet peut s'étendre au point de vue du gouvernement et – pourquoi pas ? – à la théorie protectionniste, aux consommateurs-acheteurs de jouets, aux fabricants de jouets et aux importateurs, aux fournisseurs de matières premières du tiers-monde, etc.

Faire un PVA ne signifie pas donner à toutes les parties des arguments sains et rationnels comme ceux que l'on pourrait avancer soi-même ; pas plus que cela ne consiste à les faire se plaindre ou tenir des propos stupides pour les condamner ensuite. Cela signifie : essayer objectivement d'avoir leur regard sur ce qui se passe, et, peut-être, y ajouter ce que l'on pense être la réalité. En d'autres termes, il s'agit de rapprocher le point de vue subjectif et le point de vue objectif, comme le ferait un reporter par exemple.

À la différence de l'APC (Alternative, Possibilités, Choix) exposé dans un chapitre précédent, le PVA n'implique pas seulement de lister des alternatives générales. L'accent est mis sur des personnes spécifiques, dans des situations spécifiques, puis sur l'évolution de leurs points de vue.

Essayer de faire un PVA sur les thèmes suivants :

1. Le renvoi de l'école d'un enfant pour brutalité.
2. Une employée accuse son employeur de la défavoriser parce qu'elle est une femme.
3. Un responsable du gouvernement veut revenir sur un renseignement confidentiel qu'il a donné à un journaliste.
4. Le directeur des ventes d'une société nationalisée apprend que les pots-de-vin sont indispensables si l'on veut faire des affaires dans certains pays étrangers.

5. Un jeune veut fumer.
6. Une grande surface est construite juste à l'extérieur d'une petite ville.

Concevoir et construire

Les techniques de clarification exposées dans ce chapitre (EDC, ADRAV, bulle logique et PVA) sont destinées à donner une vision plus large et plus précise d'un problème : une meilleure représentation, un meilleur schéma de la situation. C'est déjà en soi un atout considérable de disposer d'un schéma plus clair et plus complet.

Il est possible que le schéma fasse apparaître que l'autre partie n'a aucun intérêt à résoudre le conflit puisque le conflit justifie précisément son existence. La solution pourrait être de laisser l'opposition se perpétuer en surface ou de manière rituelle, tandis que les vrais problèmes sont traités de manière constructive.

Lorsque la situation l'exige, la seconde partie du processus « exclectique » pourrait consister à concevoir soit un résultat final, soit une ligne d'action. Dans un certain sens, il s'agit d'une « solution », mais ce mot insiste trop sur la nécessité de trouver un choix final, alors que ce qui peut en ressortir est une nouvelle façon de vivre ou un moyen de s'en accommoder.

À cet égard, la démarche est la même, qu'il s'agisse de concevoir un meuble, de construire un avion, une série télévisée ou un repas : quelles sont les composantes ? que cherche-t-on à créer ? quelles sont les priorités ? quelle est l'échelle de valeur ? par quelles voies compte-t-on agir ? quelles sont les contraintes ? Le processus peut se dérouler en plusieurs étapes, proposer différentes démarches, et l'on peut être amené à écarter certaines solutions. Comme toujours, la valeur d'un projet ne peut être évaluée que par ceux qui auront à l'utiliser.

7. Les autres

Négocier

Dans son sens premier, la négociation est une forme spéciale de la construction d'un projet. Quand elle prend le sens de « marchandage sous pression », elle revêt l'aspect de l'« affrontement des idées ».

Une vraie négociation implique que l'on dresse la carte de tous les aspects d'un domaine, comme on le suggère ici, puis que l'on réalise un projet. Une étape importante de la négociation est ce que l'on pourrait appeler la « valeur variable ».

À Wellington, en Nouvelle-Zélande, le plus bel hôtel de la ville a été construit sur un terrain acquis pour quelques milliers de dollars. La vraie valeur d'un terrain pour ce type d'hôtel serait plus proche de plusieurs centaines de milliers de dollars, même de millions. On fit intervenir la « valeur variable ». L'hôtel, en effet, ne fut pas construit sur le terrain lui-même, mais au-dessus d'un parc de stationnement municipal. Il fallut acheter les droits de surélévation. Ces droits ne représentaient pas grand-chose pour le parc de stationnement et, de toute façon, la clientèle de l'hôtel apporterait des droits supplémentaires. Par contre, la valeur des droits de surélévation était élevée aux yeux des promoteurs. C'est un cas typique de « valeur variable ».

Autre exemple : en fin de saison, les robes dans une boutique de haute couture n'ont plus de valeur marchande, car cette boutique « haut de gamme » n'ose pas vendre des articles de la saison précédente. Mais, dans un autre magasin, dans une autre région où la mode pénètre plus lentement, ces robes reprendraient de la valeur.

Autre exemple : le verre Mdina, fabriqué à Malte, est très beau. Le verre de laboratoire, de son côté, est obligatoirement d'une qualité très pure pour éviter d'altérer les expériences. Deux personnes, particulièrement entreprenantes, décidèrent d'acheter en Grande-Bretagne du verre brisé en provenance d'un laboratoire (probablement ravi de s'en débarrasser), et ils le transformèrent en verre Mdina.

Ces trois exemples concernant la « valeur variable » sont l'illustration qu'une valeur peut varier selon les personnes et les circonstances. C'est la raison pour laquelle il est si important de négocier. Ce que l'un désire obtenir ardemment représente sans doute pour l'autre peu de chose. Les valeurs se négocient et s'échangent. Pour conduire à des vitesses raisonnables sur route, nous acceptons de prendre certains risques : blessures ou accident mortel. Pour atteindre l'un, il faut accepter l'autre. Il en est de même quand on négocie : pour réaliser un objectif, il nous faut accepter sans doute certaines conditions. Tout ceci est grandement facilité lorsque l'on dresse la « carte » des décisions à prendre et que l'on adopte une attitude constructive. Les valeurs – et en particulier les valeurs perçues – sont les composantes les plus importantes du projet conçu.

Communiquer

Pour atteindre son but, la communication doit utiliser le langage du destinataire. C'est la raison pour laquelle les documents juridiques sont aussi inintelligibles. Les techniques de mises en schéma devraient être utilisées non seulement pour dresser la carte du terrain afin de rendre compte des coordonnées, de l'historique, des attitudes et des valeurs, etc., mais également pour traduire les concepts à notre disposition.

Il revient au destinataire de décider quel sera le langage utilisé. C'est la situation inverse de la communication radiophonique dans laquelle c'est à vous de régler votre récepteur pour capter le programme de votre choix.

La bulle logique de celui qui écoute contient les concepts et les perceptions qu'il a à sa disposition. La grave erreur que font les professionnels de la communication est de supposer qu'en l'absence d'un répertoire d'idées perfectionné – différent de celui de l'émetteur –, ce qui reste, ce sont les sentiments à l'état brut. Des concepts simples comme ceux que l'on trouve chez les enfants peuvent être très complexes et subtils. Les concepts complexes peuvent se diviser en concepts secondaires, alors que des concepts simples peuvent contenir beaucoup sous une seule enveloppe. Comparez par exemple le concept de « cause et effet » chez un enfant et chez un scientifique : il est beaucoup plus simple chez ce dernier, car, pour ce dernier, il s'agit de probabilité statistique dans le temps. Les adultes ont toujours tendance à croire que les concepts d'enfants sont des concepts d'adultes simplifiés. Mais les enfants ont des concepts compliqués qui leur appartiennent en propre.

Chapitre 8

Affectivité et systèmes de valeurs

Bien trop de personnes croient que la réflexion est inutile parce qu'au bout du compte les émotions finissent par déterminer nos choix et actions et que donc la réflexion ne change pas grand-chose. Ceci est en partie vrai. Après tout, toute réflexion est empreinte d'émotions et cela devrait être comme cela. Le rôle de la réflexion est d'adapter le monde dans lequel nos émotions et nos valeurs évoluent, pour une issue positive. Il est très peu probable que des arguments logiques puissent changer des émotions. Mais des changements de perception le peuvent. Si vous posez un regard différent sur quelque chose, alors vos sentiments seront aussi différents.

Cependant, une question importante se pose. Est-ce que nos sentiments interviennent d'abord et déterminent notre perception et notre raisonnement, ou est-ce que notre perception intervient en premier, et laissons-nous ensuite nos sentiments prendre la décision finale ?

Réactions viscérales et réflexion

Certains ont la conviction que l'on perd son temps en réfléchissant et que seules les réactions viscérales comptent. Penser, réfléchir, raisonner, à quoi bon ? Cela semble être un simple jeu de puzzle, un jeu verbal, purement intellectuel, qui passionne les philosophes mais dont l'intérêt pour le monde réel est douteux. Périodiquement on constate que le raisonnement sert à justifier certaines actions qui apparaissent rétrospectivement inhumaines et catastrophiques. Le raisonnement, comme les mathématiques, est considéré comme un outil au service de la grande entreprise, de l'armée, tout autant que de monsieur Tout-le-Monde. Les politiciens – tels qu'on les voit – se servent de leur outil de réflexion pour justifier leur maintien au pouvoir et non pas pour rendre notre société meilleure. Les réactions viscérales et les valeurs humaines semblent plus fiables. Cette attitude désenchantée vise essentiellement un type de raisonnement intellectuel qui n'a pas d'autre raison d'être que lui-même. C'est ce que j'ai décrit dans le « piège de l'intelligence » lorsqu'on en arrive à justifier n'importe quelle prise de position. C'est aussi ce type de pensée qui nourrit les débats, les argumentations sans fin et les discussions où il ne s'agit que de marquer des points. On le retrouve encore dans les jeux verbaux où l'on jongle avec les théories. Comme tout le monde, je suis, moi aussi, déçu par cette attitude intellectuelle. Elle ne manque pas totalement d'intérêt mais n'a qu'un rôle réduit dans le processus mental. La plus grande partie de ce processus exige, d'une part, du bon sens, de la robustesse, un rapport au quotidien, et, d'autre part, un certain recul permettant d'être plus efficace.

Il n'y a rien de critiquable à laisser le choix final aux réactions viscérales et aux sentiments. Le danger n'existe que si nous les faisons intervenir en premier, à la place de la réflexion. À la personne qui les ressent au moment même, les réactions viscérales apparaissent toujours comme étant vraies, sincères, et, par définition, positives pour notre société. Mais nous ne devons pas oublier que les conduites les plus absurdes et les plus inhumaines dans l'histoire de l'humanité sont passées par des réactions viscérales. Les persécutions, les guerres, les lynchages, les scandales à grande échelle… s'expliquent par des réactions viscérales. Sans doute avons-nous évolué à cet égard grâce aux progrès de notre civilisation, mais il me semble que c'est prendre trop de risques que de confier à nos émotions le rôle de penser à notre place. Une chose est sûre : ces réactions favorisent les mouvements d'agressivité et de révolte qui sont peut-être le reste d'une stratégie animale…

Je suis tout à fait partisan d'utiliser les réactions viscérales dans la phase terminale de notre réflexion. Mais elles ne peuvent s'y substituer. J'aimerais également qu'un certain sens de l'humour fasse partie de ces réactions viscérales afin d'éviter d'en faire quelque chose de trop sérieux.

Il existe, naturellement, une autre raison pour nous réfugier dans les réactions affectives, l'astrologie, etc., et fuir ainsi la réflexion. C'est que le monde a atteint un tel degré de complexité qu'il paraît impossible d'y trouver matière à réflexion. Si les spécialistes chevronnés de l'économie discutaillent au point que l'homme de la rue en vient à douter de leur compétence, que dire alors du simple électeur qui va devoir déterminer son vote sur des données qui lui échappent ? C'est un problème très grave, qui exige, semble-t-il, que l'on attache une importance beaucoup plus grande qu'on ne le fait à l'enseignement du « savoir-réfléchir » dans le système éducatif et ailleurs – même chez les économistes.

Les trois points d'intervention de l'affectivité

Les croquis ci-après montrent trois interactions possibles entre les sentiments et la perception. J'emploie ici le mot « perception » à la place de « réflexion », car mon intention dans ce livre est de souligner que la « réflexion » est en réalité une « perception » dans la plupart des situations concrètes.

Dans le premier dessin, l'affectivité est présente dès le début, avant même qu'une situation particulière ne se présente. C'est ce qui arrive quand on pique une « colère noire », que l'on panique... Cela peut aussi se produire dans un contexte particulier, avant même que l'on se soit aperçu de ce qui se passait. Dans les cas d'agression, de jalousie ou de haine, on peut parler d'émotion « aveugle ».

Le second dessin illustre une situation beaucoup plus courante. Au moyen de notre perception, nous examinons rapidement la situation. Nous discernons une structure. Cela déclenche en nous une émotion. À partir de

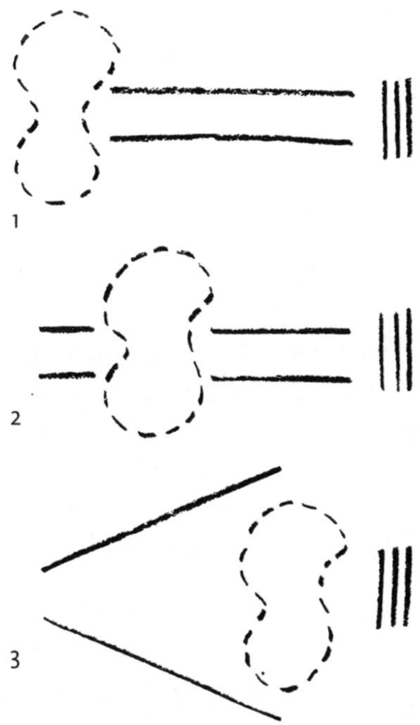

ce moment, tout ce que nous ressentons sera rétréci et canalisé par cette émotion. Si vous offrez à des gens une boisson à l'aspect répugnant, la plupart feront la grimace et déclineront l'offre. Si on offre la même boisson à quelqu'un dont les yeux sont bandés, il goûtera la boisson et dira que c'est du jus d'orange (et il aura raison !). Notre perception initiale a déclenché une réaction émotionnelle qui, à son tour, décide de ce que nous allons faire.

Le troisième croquis représente la situation idéale. Après avoir exploré calmement toute la situation, nous laissons nos sentiments intervenir, prendre la décision finale et choisir la ligne d'action. C'est le modèle que je préconise d'adopter tout au long de ce livre. Pour l'exploration, on utilisera des outils tels que le PMI (Plus, Moins, Intéressant), le CAF (Considérez Attentivement tous les Facteurs), l'APC (Alternatives, Possibilités, Choix), l'EDC (Examiner les Deux Côtés), l'ADRAV (Accord, Désaccord, Rien À Voir) et le PVA (Point de Vue de l'Autre). Puis on choisit et on décide. Ce choix peut être guidé par une réaction de survie, les exigences de l'ego, le désir de réussir ou l'intérêt personnel. Toutes ces motivations appartiennent au domaine de l'affectivité.

Il y a quelques années, l'un de mes amis s'arrêta dans la rue pour venir en aide à une femme qui avait été renversée par un automobiliste. Celui-ci avait pris la fuite, abandonnant la victime ensanglantée sur le bord de la route. Alors que mon ami était penché au-dessus de la blessée, un autre automobiliste s'arrêta, le frappa sauvagement et lui fit perdre connaissance : il avait « perçu » et interprété la scène comme une agression envers la femme. Cette « perception » avait déclenché en lui une émotion qui l'avait poussé à agir comme il l'a fait.

Nous en sommes arrivés à un point crucial : en général, lorsque nous pensons, que nous réagissons « avec nos tripes », nous passons en réalité par une très courte phase perceptive pendant laquelle nous interprétons la situation. Ce qu'il nous faut faire, c'est allonger cette phase et l'utiliser pour une réflexion approfondie.

Quant à l'« émotion aveugle », les choses sont plus compliquées. La jalousie est une émotion bien curieuse, contrairement aux autres sentiments ; elle semble n'avoir de valeur de survie que sur le plan sexuel. Quelqu'un qui jalouse une autre personne interprétera négativement tous les actes de l'autre. En tant que sentiment, la jalousie est particulièrement intéressante et mériterait – et bénéficierait – d'être analysée en détail.

Changer ce qu'on ressent

Est-ce que nos perceptions peuvent changer ce que nous ressentons ? Beaucoup de gens pensent que ni la perception ni la réflexion ne peuvent changer nos sentiments. L'expérience faite avec le jus d'orange suggère qu'il n'y a pas de changement possible dans ce sens.

Imaginez une situation dans laquelle un homme se dispute avec une femme en larmes. L'homme pense qu'il est une brute. Il est sur le point de céder du terrain lorsqu'un ami lui chuchote à l'oreille qu'il est l'objet d'un chantage affectif. D'un seul coup, son attitude change. Il a changé sa façon de voir et, à partir de là, ses sentiments ont changé.

Un autre exemple : une femme a le sentiment qu'il lui faut s'occuper de ses parents qui vieillissent et qu'elle ne peut pas se marier pour cette raison. Un ami lui fait remarquer qu'elle se donne le rôle de la « victime ». Immédiatement son attitude change, ainsi que ses sentiments.

En Grande-Bretagne, dans le centre de rééducation Hungerford Guidance Centre, on a utilisé la méthode CoRT et noté son influence sur des adolescents agressifs. Auparavant, ces jeunes avaient tendance à réagir selon les archétypes de la violence lorsqu'on leur demandait de réfléchir à la société dans laquelle ils vivaient. Cette question déclenchait de violentes réactions de leur part. Après avoir suivi les leçons de la méthode, ils devinrent fiers de se savoir des « penseurs ». Ils avaient appris à faire une pause avant de réagir, au lieu de se précipiter pour s'exprimer. Ils étaient devenus plus réfléchis, plus objectifs. On est arrivé au même résultat positif en utilisant la méthode CoRT dans une prison pour jeunes délinquants.

Le raisonnement peut changer nos sentiments et nos émotions – en particulier le type de raisonnement qui nous permet de percevoir les choses différemment. La démonstration du PMI (Plus, Moins, Intéressant) nous a montré, dans un chapitre précédent, comment une stratégie très simple a permis à des enfants de changer d'attitude face à une proposition qui leur était faite (recevoir un salaire pour aller à l'école). Nous verrons plus loin, dans ce chapitre, à quel point certains mots chargés de valeur affective peuvent changer ce que l'on perçoit ou ce que l'on ressent.

Soit le cas suivant : on propose à des ouvriers une solution nouvelle pour résoudre un conflit dans l'usine. Ils sont d'abord tentés d'accepter, puis la proposition est présentée comme une tentative pour soudoyer ou « embobiner » les ouvriers. Alors, les attitudes commencent à changer.

Systèmes de valeurs

Les valeurs servent de lien entre les événements extérieurs et notre affectivité profonde. Ce sont elles qui convertissent les événements en sujets qui nous émeuvent. Les valeurs sont l'élément le plus important d'une civilisation : c'est le système de valeurs qui rend une civilisation égoïste, avide, agressive… ; ce sont elles qui transforment un comportement à court terme en une solidarité sociale qui améliore la vie de chacun et se préoccupe des faibles. Un exemple du pouvoir stupéfiant qu'ont certaines valeurs pour renverser le courant des sentiments humains, c'est le christianisme. Les martyrs chrétiens, malgré leur souffrance, ont donné leur vie de leur plein gré pour la glorification de leur Dieu. La souffrance elle-même avait du prix. Il fallait aimer ses ennemis, montrer de la compassion envers les pauvres… Dans chacune de ces situations, le système de valeurs réussissait à transformer un ensemble de sentiments en quelque chose d'autre.

Par commodité, je vous propose maintenant de passer en revue quatre systèmes ou échelles de valeurs :

- Moi, les valeurs personnelles : l'ego, le statut, l'importance que l'on s'accorde à soi-même, la réussite, la survie, le plaisir, l'autosatisfaction.
- Autrui, les valeurs concernant les autres : être accepté par le groupe, l'appartenance au groupe, la participation au groupe, l'acceptation des valeurs du groupe, la solidarité.
- La morale : les valeurs religieuses, les coutumes sociales, le respect de la loi, l'éducation, les valeurs sous-jacentes à une culture spécifique

(souvent considérée comme des valeurs absolues bien qu'en fait elles diffèrent d'une culture à l'autre).

- L'HUMANITÉ, les valeurs humaines relativement récentes : l'écologie, la pollution, l'inquiétude manifestée face à l'énergie nucléaire, l'intérêt général pour la planète et l'humanité qui l'habite, les droits de l'homme et l'intérêt pour les valeurs humaines fondamentales, au-delà de la culture, etc.

Valeurs haut de gamme et bas de gamme (HG et BG)

Faire la distinction entre valeurs HG et BG est un moyen utile pour capter l'attention. En général, les valeurs HG sont celles qui poussent à l'action. Les valeurs BG sont celles auxquelles il faut réfléchir.

Imaginez qu'il faille diminuer les dépenses dans une entreprise. Il va falloir réduire le personnel. On insiste auprès d'un chef de service pour qu'il se débarrasse d'un collaborateur qui est son assistant depuis quinze ans. Quelles valeurs seront mises en jeu ? On pourrait répondre :

HG

- La peur que lui, chef de service, perde sa place s'il ne se soumet pas.
- La crainte de voir l'entreprise s'écrouler, de ne pas obtenir une promotion.
- Vouloir rester loyal vis-à-vis de son assistant.
- La nécessité pour l'ego de remporter un succès et d'apparaître sous ce jour.

BG

- La gêne provoquée par le licenciement du collaborateur.
- La peur de ce que les autres vont dire.

- Le manque de sympathie pour le patron.
- Le coût de l'indemnisation.
- L'impact sur les autres employés.

Ce n'est pas facile d'y voir clair. Par exemple, dans la situation ci-dessus, « ne pas trahir son subordonné » peut être classé soit comme une valeur BG, soit comme une valeur HG. Dans un contexte professionnel, il ne s'agirait pas d'une valeur HG car d'autres valeurs la dépasseraient, au nom de l'efficacité – seule valeur dans ce contexte.

En fait, cela rappelle l'histoire du calibrage des pommes. Un fermier s'en va au marché un matin. Il demande à ses deux fils de trier un tas gigantesque de pommes et de séparer les grosses pommes des petites pommes, pendant son absence. Les deux fils passent la journée à examiner soigneusement chaque pomme. Le fermier, à son retour, mélange les deux tas de pommes sous les yeux de ses fils, furieux d'avoir perdu leur temps. Mais le fermier leur fait remarquer que le véritable but de l'exercice était de regarder chaque pomme attentivement pour éliminer les pommes pourries – ce qui a été fait. « Trier les grosses et les petites » a exigé un soin beaucoup plus grand que la simple recherche des pommes abîmées. Cette réflexion sur les valeurs HG et BG incite à examiner soigneusement les valeurs en jeu dans une situation donnée.

Voici maintenant d'autres cas :

- Un enseignant a défendu à ses élèves de manger des bonbons en classe. Un élève s'aperçoit que son voisin mange des bonbons : devrait-il le dénoncer ?
- Que se passe-t-il si une vitre dans la classe a été cassée et que l'un des élèves sait qui est le coupable ?
- Que se passe-t-il si de nombreux vols ont été commis et qu'un enfant sait qui est le voleur ?
- Que se passe-t-il si, dans un état policier, votre voisin cache un dissident recherché par la police ?

8. Affectivité et systèmes de valeurs

- Que se passe-t-il si la famine règne dans le pays et que votre voisin stocke des réserves de nourriture ?
- Que se passe-t-il si vous êtes un indicateur chargé de tenir la police au courant des faits et gestes d'une bande de malfaiteurs ?
- Et si vous faites partie d'une bande de malfaiteurs et que vous les dénonciez ?
- Et si vous envoyez des lettres anonymes concernant vos amis à des journalistes de la presse à scandale ?

Il est très intéressant d'observer, dans une salle pleine de monde, comment le « mouchardage » devient tantôt respectable, tantôt honteux : nous avons là un exemple typique du choc des systèmes de valeurs. C'est aussi une bonne illustration de l'importance du contexte et du rôle de l'hypocrisie. Si nous avons en horreur un certain régime politique (probablement avec raison), alors toute forme de mouchardage sous ce régime est exécrable à nos yeux. S'il s'agit de notre propre société, le fait de dénoncer, dans certains cas, devient non seulement respectable mais un devoir civique. De la même façon, nous désapprouvons ceux qui « parlent dans le dos » de leurs amis – surtout s'il s'agit de nous –, mais, en même temps, nous voulons savoir ce qui s'est dit... Observer comment s'affrontent les différentes valeurs (Moi, l'Autre, la Morale) ne manque pas d'intérêt.

Dans les exemples qui suivent, que décrirez-vous comme valeur Haut de Gamme (HG) et valeur Bas de Gamme (BG) ?

1. Avoir un nouveau professeur.
2. Apporter de l'aide étrangère à un pays pauvre.
3. Choisir une carrière professionnelle.
4. Choisir un emplacement pour un restaurant.
5. Renvoyer des employés pendant une récession économique.
6. Choisir des joueurs pour une équipe.

Les mots chargés d'un contenu

Les mots comme « faux jeton » et « mouchard » véhiculent une charge négative très lourde. Notre vocabulaire contient de nombreux mots semblables. J'irais jusqu'à dire que plus des trois quarts de ce que nous exprimons publiquement n'est rien d'autre qu'une tentative d'introduire à tout prix – et le plus tôt possible – des mots chargés de valeur affective, sur lesquels nous étayons notre argumentation.

Si vous lisez l'éditorial d'un journal ou si vous écoutez un discours politique comme on en lit ou on en écoute tous les jours, vous découvrirez que l'un et l'autre ne sont rien d'autre qu'une mince trame d'argumentation rationnelle, soutenant un lourd réseau de mots chargés de valeurs affectives. D'une part, les « mots gentils », comme « dette morale », « justice », « honneur », « honnêteté », « liberté », « liberté de la presse », « cohérence », « droits de l'homme », « sincérité », « franchise », « perspicacité », etc. D'autre part, les mots « mots méchants » dont le nombre est beaucoup plus important : « entêté », « obstiné », « sournois », « fourbe » (ou « tordu »), « malin », « faux jeton », « bien intentionné », « mal inspiré », « égotiste », « manipulateur », « égoïste », « recherchant sa propre publicité », « vulgarisateur », « superficiel », « capitaliste », « raciste », « mesquin », « étroit », etc. Il ne faut pas les confondre avec les mots négatifs par nature, comme « insensé » ou « incompétent », qui sont des jugements francs. Il faut se méfier des sarcasmes qu'on glisse en passant et qui n'en transportent pas moins leur valeur morale avec eux. Un exemple : l'expression « bien intentionné » : elle semble positive mais elle est utilisée dans un sens négatif.

Le passage qui suit est extrait d'un texte qui décrit la contribution du mouvement charismatique au développement du christianisme : « L'ouverture d'esprit du christianisme aux progrès et à la croissance a contribué à entretenir une dynamique qui a permis de conserver une foi vivante. » Les mots « ouverture », « progrès », « croissance », « dynamique » et « vivante » possèdent tous une valeur morale positive.

Un jour, en Californie, j'ai eu une discussion avec un psychologue. J'ai voulu adopter une position très provocatrice en affirmant que l'importance accordée par la pensée post-freudienne à la recherche du « moi authentique » et à la « cause réelle du comportement » était probablement une erreur. Je suggérais que, sans doute, ce qui importait, c'était notre personnalité observable, le masque que nous nous sommes construit pour faire face au monde. Ce fut intéressant de voir la discussion devenir pratiquement impossible, car tous les mots que j'utilisais avaient une valeur négative intrinsèque : « masque », « se construire », « faire face »... Tous les mots qu'il utilisait de son côté avaient une valeur traditionnellement positive en soi : « moi authentique », « nature sous-jacente », « moi véritable », « vérité profonde », « ressort de l'action », « causes cachées ». La raison de cette situation est que nous avons attribué un sens à ces valeurs alors que nous étions déjà imprégnés du langage freudien.

La même situation se retrouve lorsqu'on tente de voir quel poste attribuer à un employé pour qu'il soit non seulement heureux mais très efficace. Tous les mots que vous utiliserez finiront par ressembler au mot « manipulation », qui, il faut bien le dire, a un contenu négatif. Même si vous laissez l'employé libre de choisir et même concevoir son propre poste de travail, votre geste sera interprété comme étant destiné à vous profiter à vous plus qu'à lui, et il sera jugé comme étant une manœuvre.

On est effrayé de constater le nombre de sujets qu'on ne peut aborder parce que les mots mêmes dont on a besoin sont tellement contaminés par des valeurs stéréotypées que – quoi que nous disions – l'opinion en face est déjà faite... Si vous tentez d'expliquer un sujet complexe de manière simple, on vous accuse de faire de la vulgarisation, ce qui est une expression très commode pour tout noyer dans le sarcasme.

Faites l'essai de parcourir un éditorial, un discours politique ou le courrier du lecteur d'un journal en recherchant tous les mots « chargés ». Le résultat est surprenant.

Il faut aussi mentionner parmi ces mots « chargés » ou « marqués » ceux qui impressionnent mais ne veulent rien dire : « il est de notre devoir... », « j'attire votre attention sur... », « j'ai à cœur de... », « je m'engage... », « le progrès de... », etc. Ce sont des mots utilisés en politique pour exprimer beaucoup quand aucune promesse ni aucun engagement ne peuvent être tenus.

Prise de conscience

Lorsqu'on se penche sur les systèmes de valeurs, on est amené à prendre conscience des valeurs inhérentes à une situation donnée, du conflit qui oppose les valeurs entre elles, de la perception de ces valeurs par les gens impliqués dans les situations en question, de l'origine de ces valeurs, etc.

- Réfléchissez aux valeurs impliquées dans les situations suivantes : un inventeur crée un métier à tisser trois fois plus rapide que ceux qui existent déjà ; un employé sait que son patron accepte des pots-de-vin, mais il sait également que ce même patron a beaucoup d'estime pour son personnel ; les grèves dans les transports publics ; un médecin demande des honoraires très élevés pour une opération qui doit sauver une vie ; un gouvernement abolit tout contrôle sur les médicaments à l'intérieur de ses frontières ; un politicien quitte son parti et adhère à un autre parti.

L'entraînement le plus important est de recenser les mots « chargés » ou « connotés » dans un texte écrit ou oral. On constatera avec surprise qu'une grande part de ce qui passe pour être de la réflexion n'est rien de plus qu'un chapelet de mots connotés.

Chapitre 9
La prise de décision

Prendre une décision est toujours un problème pratique, et c'est dans ce sens que je vais traiter ce sujet.

L'importance d'une décision est proportionnelle à l'inadaptation de la raison sous-jacente. Si l'information dont on dispose est suffisante pour que la décision soit prise pour nous, notre rôle devient superflu. Nous n'intervenons que lorsque l'analyse de la situation est incomplète, c'est-à-dire lorsque nous devons nous interroger, deviner ou appliquer des valeurs auxquelles nous sommes attachés. C'est ainsi que l'élément humain dans la prise de décision est capital. Au bout du compte... toute décision est d'ordre affectif.

Nous allons donc nous intéresser à des décisions de type tout à fait courant et non pas à des décisions qui demandent l'analyse de différents facteurs par une technique économétrique. D'ailleurs, même dans ce type de décision, on en arrive au facteur humain en dernier recours.

Le croquis ci-après montre une des situations du jeu de « L ». Il suffit d'un seul coup à l'un des deux joueurs pour gagner. Rappelons les règles de ce jeu : chaque joueur possède une pièce en forme de L et peut la placer dans n'importe quelle position restée libre. Il peut également, s'il le veut, déplacer l'un ou l'autre des pions neutres. Le but du jeu est de bloquer le « L » de l'adversaire. Le type de décision que nécessite ce jeu est simple, car il est possible d'évaluer et vérifier la décision prise : on gagne ou on perd. Dans presque toutes les situations où une décision doit être prise, le bien-fondé de la décision ne peut se vérifier que plus tard – bien après la prise de décision. Dans le jeu de « L », on peut être amené à examiner de nombreuses solutions possibles, mais, encore une fois, leur nombre en est limité. Dans les autres types de décision, le nombre de solutions possibles n'est limité que par notre imagination.

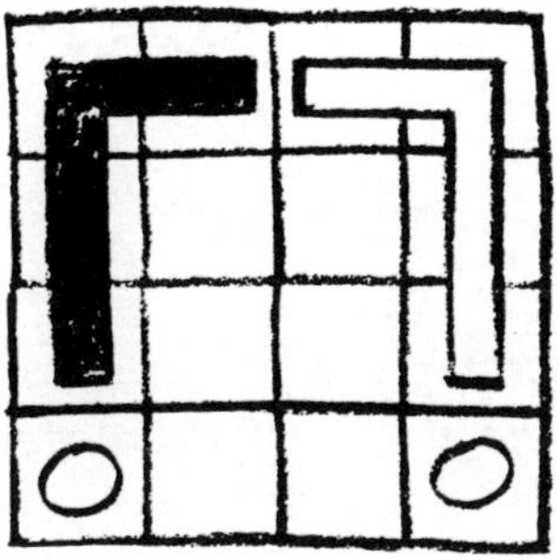

Le contexte préalable

Il s'agit de préparer la décision. Quel est le contexte ? Dans quelle situation la décision va-t-elle être prise ? le calme, l'affolement, le conflit, ou sous la pression d'une rivalité ? Pour quelle raison a-t-on besoin de prendre une décision maintenant ? Si l'on retarde la décision, le problème va-t-il se résoudre de lui-même, ou va-t-on perdre une bonne occasion d'agir ? Sommes-nous l'objet de pressions ? la pression vient-elle de nous-même ? d'autres personnes ? est-elle imposée par les conseils d'amis ?

De combien de temps dispose-t-on pour la prise de décision *et* les conséquences qui suivront ? La décision doit-elle être prise aujourd'hui ? ce mois-ci ? cette année ? avant dix ans ? Quand en verra-t-on les résultats : la semaine prochaine ? dans vingt ans ? (s'il s'agit, par exemple, de construire de nouvelles centrales nucléaires).

Enfin, il faut s'interroger sur le *type* de décision : s'agit-il d'une adaptation ou d'un changement de direction ? est-ce un revirement complet ? décide-t-on d'arrêter une action ou d'en commencer une nouvelle ? est-ce une décision qui dépend d'autres gens pour sa mise en application ou sont-ce les décideurs qui lui donneront suite ? Est-ce une décision irrévocable ou pourra-t-on revenir en arrière en cas d'échec ? Est-ce une décision parmi d'autres ou une décision qui détermine toutes celles qui vont suivre ? Peut-elle être exécutée par ceux qui l'ont prise ?

Créer des options nouvelles

Certaines options paraissent évidentes ; d'autres demandent à être découvertes – ou conçues – grâce à notre créativité. Nous pouvons, au moins, essayer de chercher des options nouvelles au-delà des solutions qui sautent aux yeux. De toute façon, on est amené à trancher dans le vif quand il faut prendre une décision... C'est une utopie d'espérer arriver jamais à l'option définitive et parfaite. On ne dira jamais assez que, lorsqu'une décision est difficile à prendre, on gagne toujours à revenir en arrière pour essayer de trouver d'autres voies possibles.

Techniques

On peut énumérer les valeurs et priorités pour les préciser. Les priorités peuvent ressembler à des valeurs et parfois à des objectifs intermédiaires, c'est-à-dire à ce que l'on veut réaliser. Valeurs et priorités se trouvent imbriquées dans les dix techniques de décision suivantes :

1. Le dé

Faites une liste de solutions possibles et jetez le dé pour décider laquelle va être prise. Cela peut sembler étrange, irrationnel et impossible, mais il n'en est rien. Le poids de la décision repose sur « quelqu'un d'autre ». Dans ce cas-ci, c'est le dé ; dans d'autres, ce sont les astres, une diseuse de bonne aventure, le destin, etc.

Est-il plus important de prendre une décision juste ou d'être satisfait de la décision prise ? Les psychologues savent depuis longtemps que les gens ont tendance à justifier leurs décisions une fois qu'elles sont prises. Donc, la technique du dé est logique : on prend une décision, *puis* on donne son adhésion au résultat.

La technique du dé est présentée comme une méthode de décision sérieuse, parce que, dans certaines situations, ce qui est important c'est de décider quelque chose – que la décision soit bonne ou non.

Si un oncle riche vous offrait pour votre anniversaire le choix entre :

1. une nouvelle paire de chaussures ;
2. une place au théâtre ;
3. un repas au restaurant avec les amis de votre choix ;
4. six livres ou cassettes de votre choix ;
5. une Rolls-Royce pendant trois heures ;
6. un appareil photo.

... faites l'essai de jeter le dé : seriez-vous heureux de ce qui vous échoit ?

2. La solution de facilité

Les décisions doivent finalement être non seulement prises, mais suivies d'effet. Il est évident que certaines solutions sont beaucoup plus faciles à prendre et à réaliser que d'autres. La technique de la solution de facilité en est l'illustration. Une fois que la solution de facilité a été choisie – selon la personnalité et la « subjectivité » de chacun –, il reste à mettre en œuvre et à justifier la décision prise. C'est un acte *conscient* et *positif*. Si, au bout du compte, le choix semble être acceptable, il est suivi d'effet. Sinon, on utilisera une autre méthode.

Une jeune fille découvre que son ami a demandé à sa meilleure amie de sortir avec lui. Elle a le choix entre :

1. l'ignorer complètement ;
2. lui demander des explications ;
3. se disputer avec lui ;
4. mettre son ami en garde ;
5. sortir avec quelqu'un d'autre.

La « solution de facilité » dépend beaucoup de la personnalité de chacun : telle ou telle solution sera « la » solution de facilité d'un tel, mais non la vôtre... S'il peut, en plus, la justifier, eh bien tant mieux !

3. L'inventaire

Dans cette technique, le décideur imagine qu'il a choisi chaque solution tour à tour. Dans chaque cas, il imagine qu'il explique à un ami pourquoi il a pris cette décision. Dans son scénario imaginaire, il met en avant toutes les justifications de son choix et les raisons pour lesquelles il en est satisfait. Il doit écrire toutes ses justifications, puis les lire attentivement. Laquelle semble la meilleure ? Laquelle est la plus sensée ? Dans certains cas, l'une d'elles se détache très nettement ; dans d'autres cas, certaines justifications sont si faibles que les options disparaissent d'elles-mêmes.

À des employés d'une compagnie d'assurances, on offre ce choix de primes :

1. davantage d'argent ;
2. moins d'heures de travail ;
3. des vacances plus longues ;
4. davantage de facilités pour s'absenter.

Le choix est demandé à chacun individuellement. Imaginez que vous soyez l'un de ces employés. Pour chacune des solutions proposées, imaginez que c'est le choix que vous faites et que vous le justifiez devant un ami. Restez dans votre propre contexte (famille, situation, etc.).

La technique de l'inventaire est un prolongement de la « solution de facilité ». La différence est que chaque solution passe par le crible de la justification. Plus les raisons données sont explicites, plus la technique est efficace.

4. L'âne de Buridan

L'âne de la légende, ayant aussi faim que soif, était à égale distance d'une botte de foin et d'un seau d'eau. Il est mort de faim, car il n'est pas parvenu à choisir. L'âne avait autant de raisons d'aller d'un côté que de l'autre, et il ne bougea pas... L'histoire de ce pauvre âne a été citée maintes fois par les philosophes dans leurs interminables argumentations sur le libre-arbitre quand ce sujet était à la mode.

Le problème soulevé par l'âne de Buridan est important. Quand les solutions sont toutes aussi attirantes, c'est la plus facile qui devrait être choisie, puisque, quel que soit le choix, il sera agréable. Il suffirait de jouer à pile ou face et de se contenter du résultat (appliquer la technique du dé). Pourquoi donc de telles décisions sont-elles aussi difficiles à prendre – comme dans le cas de la jeune fille qui doit décider lequel de ses prétendants épouser. La difficulté réside sans doute dans la décision d'abandonner une solution agréable, en d'autres termes, dans le cas de l'âne, renoncer au seau d'eau ou à la botte de foin. Une fois que nous savons que nous allons obtenir quelque chose, l'attirance de cet objet diminue et l'angoisse de renoncer à une autre chose grandit. L'histoire de l'âne de Buridan traite directement de ce problème. Le décideur fait de son mieux pour « démolir » ou vider de son attrait chaque solution. S'il y parvient, alors il peut renoncer facilement à certaines solutions pour ne garder que la meilleure.

Supposez qu'un magicien fasse irruption et vous offre de réaliser l'un des vœux suivants :

1. être très sage ;
2. être très riche ;

3. être d'une grande beauté ;
4. avoir de grands talents.

On pourrait « démolir » chaque proposition ainsi :

1. Être très sage : on trouverait tous les autres stupides. On serait plus conscient de la misère du monde.
2. Être très riche : nous ne saurions jamais qui sont nos vrais amis ; nous pourrions devenir jaloux des personnes plus riches que nous ; nous aurions beaucoup de soucis.
3. Être d'une grande beauté : on pourrait s'inquiéter de perdre sa beauté ; on attirerait des personnages peu recommandables ; on deviendrait insupportable.
4. Avoir de grands talents : c'est très frustrant si personne ne reconnaît ces talents ; il faudrait toujours découvrir de nouveaux horizons ; le talent pourrait devenir pesant.

La solution finale est, une fois encore, affaire d'opinion personnelle, mais il est maintenant plus facile de renoncer aux solutions qui ne sont pas retenues.

5. La solution idéale

Dans cette technique, les solutions sont inventoriées, puis mises de côté. On les remplace par une « solution idéale », faite sur mesure pour la situation en question. On examine la « forme » générale de cette solution idéale, ses caractéristiques, sans s'arrêter aux détails. Puis on revient à la liste des solutions possibles et on examine celle qui s'approche le plus de la « solution idéale ». En d'autres termes, les solutions ne sont plus examinées pour elles-mêmes, mais pour leur ressemblance avec la solution idéale.

Une petite ville dispose d'un terrain à lotir et la liste des suggestions pour l'utilisation du terrain est la suivante :

1. un parc de stationnement ;
2. un lotissement ;
3. un jardin public.
4. un terrain de jeu.
5. un marché en plein air, avec éventaires.

Ces solutions sont mises de côté et une discussion s'instaure sur la forme que prendrait la solution idéale. On se met d'accord pour que cette solution « idéale » convienne à une majorité de gens et qu'elle contribue à rendre immédiatement la vie plus agréable. Lorsqu'on compare les solutions proposées à cette solution « idéale », c'est le jardin public qui l'emporte.

Si l'on utilise cette technique, il est important de le faire honnêtement et non pas de façonner la solution idéale pour qu'elle corresponde à l'une ou l'autre des solutions proposées. C'est pour la même raison qu'il ne faut pas désigner la solution « idéale » en premier, *puis* faire la liste des solutions possibles. La première liste (les solutions possibles) doit être objective et faite avant que la solution « idéale » ne prenne forme.

6. La niche idéale

Pour une idée, la niche idéale est la situation ou le contexte dans lequel cette idée va pouvoir s'épanouir. Exactement comme, dans une maison ou une pièce, il existe un endroit plus approprié qu'un autre pour un vase de fleurs, dans une équipe de football une position est meilleure qu'une autre pour un certain joueur. Pour chaque solution, nous cherchons la meilleure « niche » : à quel type de personnes est-elle destinée ? dans quelles circonstances cette solution sera-t-elle la plus efficace ? Par exemple, si quelqu'un se montre très grossier envers vous et que vous n'ayez que deux solutions possibles – dont l'une serait de lui envoyer votre poing dans la figure –, le meilleur contexte pour cette solution serait d'être musclé et irascible... Il vous reste ensuite à comparer cette « niche » avec la réalité... et vous demander si vous êtes vraiment un gros costaud irascible !

Une petite entreprise décide de fabriquer des ampoules électriques. La discussion sur les différentes stratégies possibles fait apparaître deux solutions :

1. Fabriquer des ampoules meilleur marché, mais d'une qualité inférieure.
2. Fabriquer des ampoules de toute première qualité qui dureront plus longtemps mais coûteront plus cher.

Le meilleur contexte pour la solution n° 1 est une très grande entreprise, disposant d'un budget publicitaire confortable, d'un bon réseau de distribution et ayant la possibilité de modifier ses prix pour tenir compte de la concurrence. Le meilleur contexte pour la solution n° 2 est une petite entreprise qui a besoin de fortes marges bénéficiaires ou qui a la possibilité de se maintenir dans un créneau restreint du marché. En comparant le meilleur contexte à la réalité, on s'aperçoit que c'est l'ampoule de toute première qualité qui doit être choisie.

Comme pour les autres techniques, il est nécessaire de faire preuve d'une grande objectivité pour trouver le contexte optimal pour la solution à choisir.

7. « Et si... ? »

L'idée est d'introduire des changements du type « et si... ? » dans les éléments d'une situation pour discerner à partir de quel moment une solution cesse d'être intéressante.

Supposez que vous ayez décidé d'aller en vacances à Marbella et que vous déclenchiez une série de « et si... ? » :

- Et s'il pleuvait tous les jours ?
- Et si l'on n'y rencontrait pas un chat ?
- Et si Marbella n'était plus à la mode cette année ?

9. La prise de décision

Lorsque vous tombez sur un « et si… ? » qui fait apparaître que la solution n'a plus d'intérêt, vous avez fait apparaître la véritable raison de votre choix. Dans l'exemple ci-dessus, si c'est le fait que Marbella-n'est-plus-à-la-mode qui fait perdre à la solution tout intérêt, c'est que l'un des ressorts du processus de décision est le désir de se conformer à la mode. Dans ce cas, on choisit un endroit plus à la mode que Marbella…

Autre exemple : un mari et sa femme ont l'un et l'autre d'excellents emplois et leurs enfants sont adultes. Le mari a la possibilité d'avoir l'emploi dont il a toujours rêvé, à trois cents kilomètres de là. À première vue, il ne semble pas que sa femme puisse trouver un emploi qui lui convienne dans cette même ville. Devant quelles solutions se trouvent-ils ? Pour les besoins de la démonstration, le choix est restreint mais, en réalité, les solutions peuvent être beaucoup plus nombreuses :

1. Renoncer à l'offre d'emploi.
2. Accepter l'offre d'emploi et se retrouver les week-ends.
3. Déménager et renoncer à l'emploi de la femme.
4. Accepter l'emploi et démissionner si cela s'avère impraticable.

Essayons quelques « et si… ? »

- Et si l'emploi n'est pas aussi intéressant qu'il paraît ?
- Et si chaque conjoint, une fois séparé, rencontre un autre partenaire ?
- Et si les conjoints tombent malades ?
- Et si c'est à la femme qu'on offre le nouvel emploi ?
- Et si l'un des conjoints trouve un emploi plus intéressant sur place ?
- Et si la femme trouve un emploi dans la nouvelle résidence ?

Le processus est, en fait, un processus de focalisation.

- Est-ce que l'offre d'emploi est aussi intéressante qu'il y paraît ?
- Est-ce que le travail est ce qu'il y a de plus important dans la vie ?
- Est-ce que c'est à la femme de prendre la décision ?

8. La matrice simple

Une matrice est une grille, comme l'indique le croquis ci-dessous. Horizontalement, placez les solutions possibles. Verticalement, les qualités recherchées. Dans les cases, indiquez les points de correspondance entre la solution et la qualité en question.

	Prix	Consommation	Fiabilité
Réparation ancien véhicule			X
Voiture neuve	X		
Voiture d'occasion			
Location-vente			
Voiture de location	X		

Dans la technique de la matrice simple, on essaie de repérer les quelques qualités importantes pour la prise de décision. Il s'agit en réalité de détecter les solutions qui seraient totalement inadaptées.

Soit l'exemple suivant : une automobile ne répond plus aux normes du contrôle technique. Son propriétaire semble avoir les choix suivants :

1. Faire la dépense de la réparation.
2. Acheter une voiture neuve.
3. Acheter une voiture d'occasion.
4. Acheter en leasing (location-vente).
5. Louer une voiture quand il en a besoin.

Les caractéristiques essentielles sont identifiées comme suit : le prix d'une voiture neuve, le coût de l'entretien, le service rendu et la fiabilité (pris ensemble). Le tableau ci-dessus montre ce qui se passe quand on utilise une grille : certaines solutions sont éliminées parce qu'elles ne résistent pas à l'examen. Les solutions restantes sont traitées à nouveau à l'aide d'une autre technique, et d'autres caractéristiques jugées essentielles peuvent être soumises à examen. On peut continuer ainsi, en appliquant la même technique à de nouvelles caractéristiques, jusqu'à ce qu'il ne reste plus qu'une seule solution. Dans une certaine mesure, la technique de la matrice simple est une méthode par élimination : quelle solution résistera aux exigences essentielles ?

9. La matrice complexe

Cette nouvelle matrice présente *toutes* les priorités, les valeurs et les facteurs intervenant dans une prise de décision. Elles sont toutes énumérées dès le début de la démarche et chaque solution est analysée sous l'angle des qualités qu'elle possède. À la fin, ce sont les solutions qui possèdent le plus de qualités requises qui sont réexaminées. À ce stade, une autre technique de prise de décision peut être utilisée. Il vaut mieux éviter de choisir d'emblée la solution qui présente le plus de caractéristiques recherchées, car celles-ci n'ont pas toutes la même importance. Deux qualités de moindre importance ne pèsent pas plus lourd qu'une qualité essentielle. Il existe des moyens de résoudre ce problème, mais ils sont complexes et, en fin de compte, subjectifs.

	Prix	**Esthétique**	**Dimensions**	**Robustesse**	**Résistance**	**Facilité d'entretien**	**Sécurité**	**Total**
Moderne	x		x	x	x	x	x	6
Traditionnel	x	x	x		x			4
Fonctionnel	x			x	x		x	4

La matrice ci-dessus est une matrice complexe permettant de choisir entre trois styles différents de mobilier de cuisine : un style moderne, un style traditionnel et un style fonctionnel. Les caractéristiques recherchées sont le prix, l'esthétique, les dimensions, la robustesse, la résistance, la facilité d'entretien, la commodité et la sécurité. Le style moderne semble remporter le maximum de points. Pourtant, à ce stade, on peut dire : « Le style moderne est nettement la meilleure solution mais je préfère l'aspect du traditionnel. » La décision est à prendre au niveau rationnel. L'aspect esthétique est jugé par ce client beaucoup plus important que tout autre.

10. La solution de paresse

La technique est simple, directe. Elle tient compte des réactions humaines. Chaque solution est examinée sous l'angle de l'impact que la crainte, l'avarice ou la paresse peuvent avoir sur le choix de cette solution. En d'autres termes, on se demande quelle est la véritable motivation qui pousse à faire un certain choix.

Exemple : une grand-mère vit seule. Son fils pense qu'elle va bientôt être trop âgée pour continuer à vivre seule. Il examine les solutions suivantes :

1. ne rien changer ;
2. mettre la grand-mère dans une maison de retraite ;
3. lui dire de venir vivre avec lui et sa famille ;
4. payer quelqu'un qui s'occupera d'elle.

La première solution comporte une forte dose de paresse (effort minimum). Elle comporte aussi la peur que quelque chose arrive à la vieille dame. Du côté « avarice », la solution semble être moins coûteuse que les autres.

La seconde solution comporte aussi un élément de paresse (il se débarrasse). La vieille dame va coûter cher (côté avarice). En plus (côté crainte) il y a un risque que la vieille dame refuse.

Faire venir sa mère pour vivre avec sa famille fait craindre au fils qu'elle ne s'entende pas avec sa femme et que la famille en souffre. Côté « avarice », la vieille dame pourrait rédiger son testament en leur faveur...

Quatrième solution : payer une femme de ménage représente une dépense importante. Il y a un facteur « paresse » dans la décision de confier à quelqu'un d'autre la responsabilité de la personne âgée. Facteur « crainte » : la peur du « qu'en dira-t-on ? ».

La décision finale sera prise au niveau affectif, mais la situation a gagné en clarté grâce à l'analyse. À certains moments, on s'aperçoit que l'avarice, la crainte ou la paresse nous poussent vers une solution en particulier et qu'ils sont les principaux ressorts d'une décision.

Calculer les suites et conséquences

Le style personnel et l'image de soi sont des facteurs importants de cette étape. Se voit-on prendre *cette* décision ? même s'il s'agit d'une décision très dure ? Les décisions doivent être objectives mais le style personnel du décideur fait partie de cette objectivité.

Il faut accorder toute son attention aux personnes impliquées dans la décision : elles peuvent avoir à donner leur accord à la décision ; elles peuvent avoir à l'appliquer ; elles risquent d'être affectées par elle. À ce stade, on aura besoin des techniques comme le « PVA » (Point de Vue de l'Autre) ou la bulle logique.

On examinera les conséquences de la décision par rapport au temps et à la durée : conséquences dans l'immédiat, à court terme, à moyen terme, à long terme. On pratiquera un « C&S » (Conséquences et Suites).

Puis on en arrive au passage à l'acte. Qui va appliquer la décision et comment ? Les voies à emprunter sont-elles disponibles ou sont-elles à établir ? Quelles sont les étapes de l'application ? Quels sont les risques et les dangers ? les problèmes qui risquent d'être soulevés et les points d'achoppement ?

Quant au terrain, la « carte » de la situation ou des éléments de la situation dans lesquels la décision sera appliquée, il s'agit de la concurrence, des rivalités, de la situation du monde (macro et microcosme).

Enfin, il faut penser à la position de repli : et si la décision s'avère mauvaise ? et si on ne peut l'appliquer ? et si les circonstances changent ? Est-ce qu'on peut revenir en arrière ? Y a-t-il une porte de secours ? une position de repli ? On a parfois l'impression qu'une position de réserve affaiblit la confiance que l'on peut avoir dans une décision. Si vous êtes certain que la décision est bonne, pourquoi donc se ménager une voie de secours ? Mais toutes les décisions sont par définition d'ordre conjoncturel, autrement elles ne seraient pas des décisions… Il faut faire la différence entre refuser de prendre des risques et prévoir que les choses seront différentes de nos attentes.

Surtout, ajuster !

Le lecteur aura sans doute remarqué que, dans nombre de techniques proposées dans ce livre, l'accent n'est pas mis sur la valeur des solutions possibles mais sur l'adaptation aux circonstances. Nous avons, avant tout, besoin de transformer des décisions difficiles en décisions faciles à prendre. Nous n'éviterons pas que *toute* décision soit prise au niveau affectif en fin de compte, mais plus le tableau sera clair, plus la décision prise par notre affectivité nous conviendra.

L'avenir

Les décisions et les choix requièrent du penseur l'effort de se projeter dans le futur. Nous ne pouvons pas être sûrs de ce qui va se passer. Nous ne pouvons pas être sûrs de nos émotions et de nos sentiments futurs. Alors beaucoup d'outils de réflexion que nous avons passés en revue peuvent aussi être appliqués ici (PMI, C&S, PVA et APC). Si vous ne voyez que la situation et ses alternatives, il est bien plus difficile de prendre une décision que si vous avez une idée claire de vos priorités et de ce que vous voulez ou de ce dont vous avez besoin.

9. La prise de décision

Choisissez un des outils de réflexion passés en revue et appliquez-le dans les situations ci-dessous. Vous pouvez changer d'outil autant que vous le souhaitez :

1. Choisir entre un travail ennuyeux mais bien payé ou un travail moins bien rémunéré mais intéressant.
2. Choisir entre un nouveau restaurant et un autre que vous connaissez très bien.
3. Décider quelle voiture acheter.
4. Décider où vivre.
5. Décider de quelle couleur peindre le salon.
6. Décider d'organiser ou non une soirée.

Chapitre 10

Savoir-réfléchir et savoir-faire

C'est un aspect particulièrement stupide de notre culture de faire la distinction entre penseurs et hommes d'action. Ceux qui réfléchissent ne sont pas censés agir et ceux qui agissent ne sont pas censés réfléchir... La réflexion peut être une excuse pour ne pas agir : on accorde à la pensée pure une supériorité sur l'action pratique. Les penseurs ont la possibilité d'attendre d'être parfaitement informés avant de passer à l'action. Ils font ainsi reconnaître leurs compétences et peuvent se borner à suggérer que l'action est impossible à coup de « d'une part... d'autre part... ». De tout ceci naît une vision académique de la réflexion. Dans les universités américaines, on encourage les universitaires à consacrer une partie de leur temps au monde de l'action. Dans les universités britanniques, on désapprouve... On fait, bien sûr, une place à l'intellectualisme universitaire et à la recherche passive (qui consiste à répéter ce que d'autres ont déjà répété sur ce que d'autres ont déjà dit, etc.) ; mais ceci ne constitue qu'une faible partie de la réflexion – qui a néanmoins sa valeur propre. Mais, la réflexion vaste, pratique, robuste, dirigée vers l'action, n'est pas un type de pensée inférieure ; au contraire, elle est supérieure sous plus d'un aspect. Il faut évaluer les incertitudes et les risques, et planifier les lignes d'action.

Les hommes d'action, de leur côté, prétendent que, pour agir, très peu de réflexion est nécessaire. S'ils avaient raison, on se trouverait devant trois choix possibles : naviguer au jugé, par routine ou au hasard. Parfois, le pilotage au jugé peut suffire, mais, dès que, dans le camp en face, on se met à réfléchir, le pilotage au jugé n'apportera pas de quoi réagir en connaissance de cause. La routine peut également apporter une solution si la situation n'est ni complexe ni compétitive. Ainsi, dans le milieu des compagnies d'assurances où l'on pratique couramment le pilotage au jugé ou à la routine, il y a toujours une chance pour le non-conformiste qui estime qu'il n'a qu'à se présenter pour faire fortune. Quant au facteur « hasard », on l'utilise en le déguisant sous le vocable « simple bon sens ». Ceux que le hasard favorise surnageront... Ceux que le hasard ne favorise pas... couleront.

Il est tout à fait exact que, dans l'action, l'efficacité a plus d'importance que les finesses de l'intellect. Mais cette efficacité contient une grande part de réflexion, tout spécialement en ce qui concerne la mise en place d'objectifs. Le penseur orienté vers l'action est sans doute davantage tourné vers les aspects positifs du réalisable que vers ses doutes ou ses craintes – mais tout ceci fait bien partie du processus de réflexion. Qu'un homme d'action déclare qu'il est fier de *ne pas* réfléchir signifie soit qu'il a beaucoup de chance, soit qu'il se fait une bien piètre idée de ce qu'est la réflexion...

Au cours des dernières années, j'ai été en contact avec bon nombre de multinationales en Europe, en Amérique du Nord et en Asie (IBM, Du Pont, Prudential USA, Merck, Union Bank of Switzerland, Shell, BP, etc.). Il n'y a aucun doute que les responsables de ces firmes attachent une très grande importance à la réflexion. J'irai même jusqu'à dire que le monde des affaires, en général, s'intéresse de beaucoup plus près au processus de la réflexion qu'aucun autre secteur (y compris le secteur de l'éducation).

Pour ce que j'en connais, le monde des affaires a toujours montré plus d'intérêt pour la réflexion que n'importe quel autre secteur de la société. C'est peut-être dû à ce que, dans les autres secteurs (enseignement, politique, etc.), il suffit de montrer que vous avez raison et que les autres ont tort. Pas besoin de plus. Dans les affaires, vous pouvez penser avoir raison, mais il y a l'épreuve de la réalité. Si le marché n'est pas d'accord avec vous, alors vous allez très mal. Dans de nombreux univers, décrire et analyser suffisent. Mais dans le monde des affaires, l'action constructive est un impératif. On a aussi besoin de créativité. Le monde des affaires ne reste pas immobile. Les choses changent sans cesse. La complaisance est fatale.

Opérationnalité

Si l'on écoute les éducateurs, il suffit de construire l'information de base pour que l'action suive. C'est inexact. Le « savoir-agir » – jusque dans ses moindres détails – est aussi important que le savoir tout court. Que le monde de l'enseignement ne le reconnaisse pas est une véritable tragédie.

Par commodité, j'ai inventé le mot « opérationnalité » qui se situe entre le verbe « opérer » et l'adjectif « opérationnel ». Il signifie le « savoir nécessaire pour agir » (par exemple : se fixer des objectifs). Je l'ai déjà dit, il me semble que le « savoir-agir » devrait figurer au même rang que le savoir-lire, le savoir-écrire et le savoir-compter sur la liste des objectifs d'apprentissage : il est aussi important.

Trois façons de passer à l'acte

Il y a trois façons d'agir. Prenons l'exemple de la balle qui dévale une pente comme dans le croquis ci-contre.

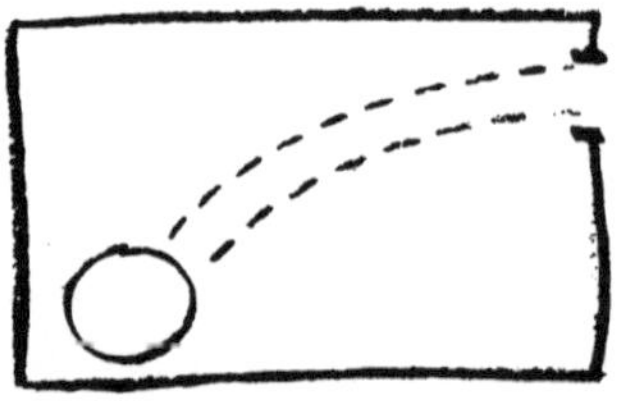

La première démarche est illustrée par le graphique ci-contre sur lequel on voit d'en haut le trajet de la balle dont le départ s'est effectué depuis un coin du rectangle.

Le « C » représente la cible. Nous avons creusé une rainure pour que la balle soit canalisée jusqu'à la cible. C'est l'illustration de ce que l'on fait lorsqu'on met en place des stratégies et des pratiques routinières – technique très efficace même si elle manque de souplesse.

La seconde démarche : à la place de la cible, on a placé une petite ampoule électrique. La balle est dotée d'un mécanisme qui lui permet de se diriger vers l'objectif. C'est l'équivalent d'une stratégie ou d'une gestion par objectif. Pour obtenir un bon fonctionnement, il est nécessaire que la personne soit d'un « calibre » plus fort que dans la première méthode ; mais la technique est beaucoup plus souple puisque le départ peut être pris n'importe où et l'objectif changé facilement.

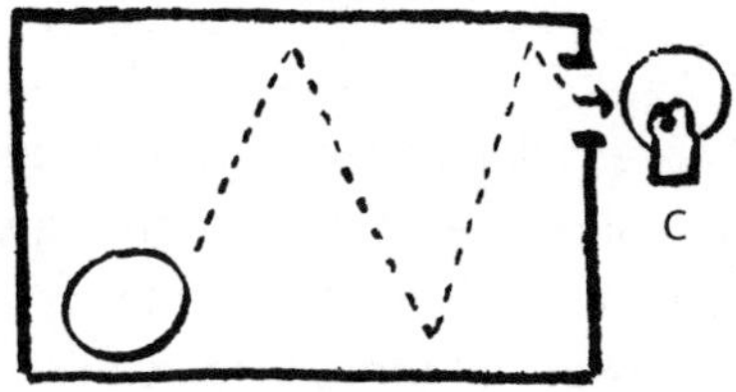

La troisième démarche : la balle est simplement lâchée. Une fois qu'elle a atteint le bord de la pente, on désigne cette position comme étant l'objectif (C) à atteindre. En d'autres termes, le parcours s'effectue sans objectif réel et le point d'arrivée est considéré comme étant l'objectif à atteindre.

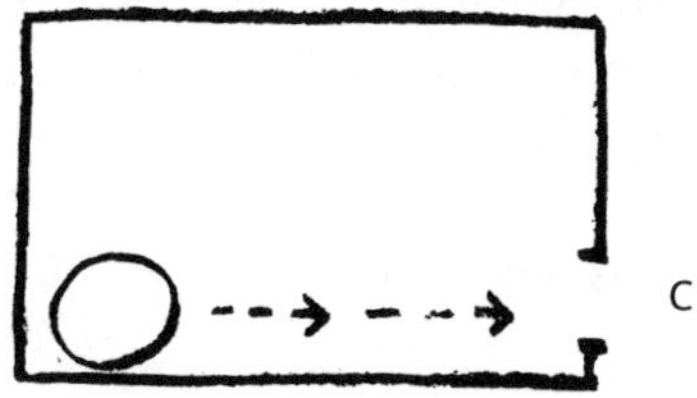

Se fixer des objectifs

J'ai proposé à des jeunes gens de transporter le maximum d'œufs d'un point à un autre en vingt secondes. La réaction instinctive de deux participants – surtout parce qu'ils sentaient qu'ils manquaient de temps – fut de transporter un maximum d'œufs à chaque voyage. L'exercice fut fait à nouveau avec des participants à qui on demanda de réfléchir d'abord à une solution. Comme on pouvait s'y attendre, certains réagirent en fixant des objectifs intermédiaires : c'est-à-dire qu'ils recherchèrent ce dont ils avaient besoin pour faciliter l'objectif final, par exemple utiliser un morceau de drap comme réceptacle pour transporter les œufs.

ABO (Aspirations, Buts, Objectifs)

C'est un autre outil de réflexion appartenant à la série d'outils destinés à canaliser l'attention... Bien que l'outil soit très simple d'emploi, cette technique est l'une des plus difficiles à pratiquer. Les jeunes trouvent que c'est très difficile de penser en termes d'objectifs. La raison peut en être que leur vie est tellement programmée par d'autres qu'eux-mêmes que se donner un objectif leur est tout à fait étranger. Si on leur demande pourquoi ils font telle ou telle chose, ils répondent « parce qu'il le faut ». L'idée de se fixer un objectif ou un sous-objectif – et de faire en sorte de l'atteindre – leur paraît très bizarre. Et puisqu'on n'insiste jamais sur le « passage à l'acte », il n'y a probablement aucune étape de leur éducation où l'on puisse intervenir. Se mettre à préparer un examen, c'est encore suivre la routine prescrite par d'autres ; c'est plus une intention qu'un objectif.

ABO signifie : Aspirations, Buts, Objectifs. Bien qu'il existe des nuances entre ces trois termes, on n'en tiendra pas compte dans ce cas précis. Dans certains cas, l'un de ces mots serait mieux adapté, mais, en gros, il s'agit de se fixer des objectifs ou de détecter les objectifs qui semblent être d'usage.

Voici un exemple de « ABO » appliqué aux objectifs d'un « designer » d'automobiles :

- répondre à la tendance et aux besoins du marché sans négliger les perspectives futures ;

- trouver le bon créneau de prix ;
- détecter les caractéristiques en vue d'en faire une publicité ;
- fabriquer un véhicule qui consomme peu ;
- fabriquer un véhicule fiable ;
- trouver une ligne qui accroche l'œil.

Certains de ces objectifs comportent des objectifs secondaires – par exemple « consommer peu » implique une ligne aérodynamique qui diminue la résistance de la masse. Vues sous cet angle, les priorités deviennent des objectifs secondaires.

Faites un ABO dans les situations suivantes :

1. Pour lancer une nouvelle entreprise, quels devraient être les objectifs pour la première année ?
2. Un journal réduit son prix de manière drastique. Quels peuvent être les objectifs derrière cette manœuvre ?
3. Quels devraient être les objectifs de la police en charge de la criminalité juvénile ?
4. Quels sont les objectifs d'une école ?
5. En s'attaquant à un important incendie, quels peuvent être les objectifs du sapeur-pompier en chef ?
6. Quels sont les buts d'un journaliste ?

Cibles

Une « cible » est simplement une autre façon de parler d'objectif. Comme le dessin ci-après le suggère, une cible peut être proche ou lointaine. Elle peut être large ou petite. Il s'ensuit que si une cible est à la fois large et rapprochée, on a plus de chances de l'atteindre. Ce n'est donc pas suffisant de dire : « Voici ma cible, comment vais-je l'atteindre ? » Il faut aussi concevoir ou déplacer la cible afin de la rendre plus accessible. L'inventeur de la cornière perforée Dexion, Dimitri Comino, me révéla un jour qu'il avait cherché une cible à la fois proche et large. Son Dexion avait tant d'usages que même si une petite partie du marché ne s'y intéressait pas, il en restait beaucoup d'autres.

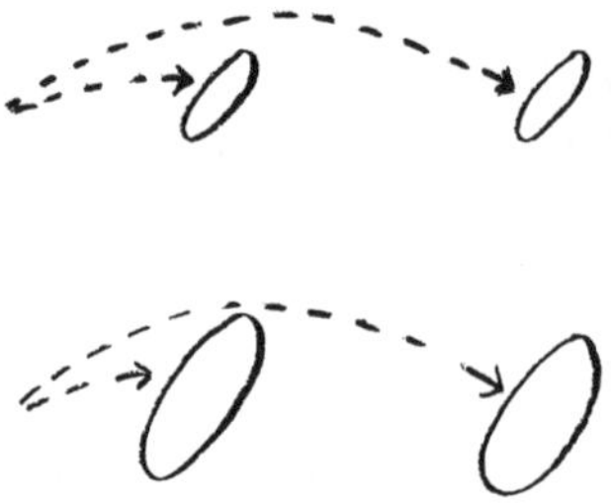

Admettons que vous jouez aux fléchettes et que vous visez très mal ; l'idéal serait que la cible vienne à la rencontre de votre fléchette pour que celle-ci tombe en plein dans le mille. Ce serait idéal mais plutôt improbable ! De même, si vous êtes un fabricant de postes de radio et si vous espérez que le marché va venir à votre produit pour l'adopter, vous risquez d'être fort déçu. Il vaut beaucoup mieux passer plus de temps à atteindre un but plus réaliste : trouver par exemple les véritables besoins du marché.

Stratégies et tactiques

À plusieurs reprises dans ce livre, j'ai fait mention du jeu de « L » que j'ai désigné autrefois comme le jeu « le plus simple qui puisse exister ». Quand on y joue pour la première fois, on trouve difficile d'adopter une stratégie efficace, précisément parce que le jeu est aussi simple en apparence. On propose en général une stratégie dont les grandes lignes sont les suivantes :

- occuper les espaces libres ;
- ne pas s'éloigner de la pièce de l'adversaire ;
- utiliser les pièces neutres pour bloquer une rangée et une colonne ;
- dominer le centre ;

- se tenir à l'écart des angles ;
- pousser l'adversaire vers les bords.

Il s'agit là de lignes directrices, d'une stratégie générale. À l'intérieur de cette stratégie, il faut agir au coup par coup, et c'est alors que l'on peut parler de tactique.

Une entreprise d'ordinateurs peut avoir comme stratégie d'être à la remorque d'IBM. Dans le cadre de cette stratégie, elle aura de nombreuses décisions tactiques à prendre : éviter de fabriquer les mêmes produits que la concurrence ; fixer ses prix selon une politique raisonnable ; devancer IBM. En revanche, une autre entreprise peut adopter une politique qui consiste à répondre à l'exigence des clients quant à la fiabilité des ordinateurs plutôt que de leur fournir le tout dernier modèle. Un autre type de stratégie encore peut être de s'intéresser à l'utilisateur qu'est la petite entreprise. Ce serait le cas d'une entreprise d'informatique qui fabriquerait des ordinateurs sur mesure pour que ses clients s'habituent à ses produits, puis passerait à la gamme supérieure au point de vue puissance. Est-ce véritablement une « tactique » ou une « stratégie secondaire » ? Difficile de décider ! Ce qui est important, c'est que la stratégie choisie traduise l'intention globale et le comportement qui décide de la tactique du coup par coup.

La stratégie d'entreprise est devenue très à la mode récemment. La raison en est que dans un monde compétitif où la concurrence est reine, il n'est plus possible de se reposer sur la position dominante que l'on occupe sur le marché ni simplement sur son aptitude à réagir rapidement face à la concurrence.

Lignes d'action

Dans le jeu de « L », il y a tant de lignes d'action possibles à chaque instant qu'il est virtuellement impossible de calculer toute la série de conséquences d'un seul mouvement d'une pièce. On peut y arriver en remontant à rebours la tactique qui mène au coup gagnant. La plupart des coups gagnants (mais pas tous) consistent à coincer la pièce de l'adversaire dans un angle. Nous supposons donc que si l'on force l'adversaire à se placer dans un angle, nous finirons par bloquer sa pièce. L'adversaire, de son côté, apprend à éviter les angles. Ce qu'il faut donc apprendre, c'est un coup qui forcera l'adversaire à aller se placer dans un angle. Mais l'adversaire, lui, apprend la parade : nous devons donc apprendre le coup qui le forcera à prendre la position d'où nous le forcerons à se placer dans un angle... et où il se trouvera bloqué. Il s'agit bien d'un calcul à rebours.

Un autre exemple illustre la même stratégie. Imaginez que nous voulions aller à Édimbourg. Partons du point d'arrivée : Édimbourg. Si seulement nous pouvions aller à Newcastle, le dernier bout de trajet pour Édimbourg serait facilité. Newcastle devient donc l'objectif. Puis nous cherchons la ville d'où il nous serait facile de gagner Newcastle et ainsi de suite... C'est cette façon de procéder qui est illustrée par le schéma ci-dessous :

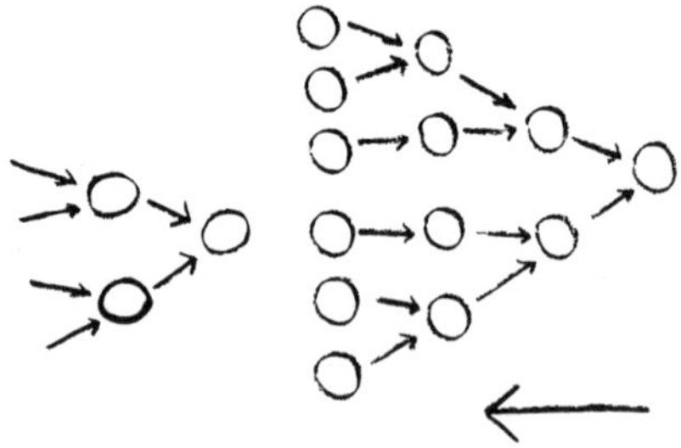

C'est une façon très efficace de concevoir une ligne d'action. En fait, on détermine plusieurs lignes d'action et on s'interroge ensuite pour savoir à quelle distance on se trouve de la case « départ ». Il faut avouer que procéder à reculons n'est pas chose facile, car cela nécessite un très grand effort mental et une bonne imagination. Les points d'où nous pouvons partir pour accéder à l'objectif final deviennent des objectifs en eux-mêmes, et ainsi de suite en remontant. L'action est divisée en étapes plus accessibles. Cette technique peut ne pas être la plus efficace (par exemple, l'itinéraire pour Édimbourg peut contourner Newcastle), mais elle peut apporter une solution dans des situations où la ligne de conduite n'est pas évidente.

Les cases « et si... ? »

Cette technique a été décrite dans un livre précédent, *Opportunities*. C'est un moyen commode pour dessiner le schéma d'une ligne d'action et pour séparer les périodes d'action de celles où l'on s'interroge. Une « période d'action », ou « itinéraire actif », représente la démarche que nous adoptons une fois la décision prise. La voie est choisie et rien ne nous empêche de l'emprunter. Par exemple, si vous décidez de demander à un ami de vous prêter de l'argent, rien ne vous empêche de prendre le téléphone et de l'appeler.

Vous pouvez appeler votre ami, mais vous n'avez aucun moyen de décider s'il vous prêtera ou non cet argent. La seule chose que vous puissiez faire, c'est de présenter votre cas le mieux possible et de bien plaider votre cause. Puisque vous n'avez pas la maîtrise de la situation, il s'agit d'une case « et si... ? ». Il vous faut attendre le résultat qui dépend de facteurs dont vous n'êtes pas maître. Vous êtes stoppé dans votre progression.

L'idée est de concevoir une ligne d'action générale et de la diviser en itinéraires actifs (A), vous pourrez dire : « j'y vais », et en cases « et si... ? » (SI), où vous resterez pour réfléchir.

Prenons un exemple : si vous conceviez l'idée de fonder une entreprise de location d'appareils photo (semblable à une entreprise de location de voitures), destinée aux personnes qui partent en vacances, en safari-photo ou autres occasions de chasser l'image, vous pourriez construire le schéma suivant :

Ce qui représente :

A – 1 Premières démarches auprès d'une banque pour le financement.

Si – 1 La banque accepterait-elle d'accorder le prêt ?

A – 2 Coût d'une étude de marché.

Si – 2 L'étude révélerait-elle qu'il y a un marché ?

A – 3 Démarches auprès d'une entreprise d'appareils photo pour obtenir des conditions spéciales.

Si – 3 La société donnerait-elle son accord à ces conditions ?

A – 4 Démarches pour trouver un local, etc.

L'analyse de ce schéma au conditionnel peut nous amener à penser que la succession d'actions à prendre et d'interrogations à poser n'est pas satisfaisante. Aussi, nous pourrions tenter de réorganiser le schéma comme suit :

(A) – 1 Chercher une boutique à louer dans une station touristique.

(Si) – 1 Est-ce que vous en trouverez une ?

(A) – 2 Louer la boutique pour une saison.

(Si) – 2 Est-ce que cet essai de location d'appareils photo serait concluant ?

(A) – 3 Faire des démarches auprès d'une société d'appareils photo avec vos résultats.

(Si) – 3 Pourriez-vous obtenir des conditions spéciales ?

(A) – 4 Faire des démarches auprès d'une banque avec les résultats et les conditions spéciales obtenues.

Les démarches auprès d'une banque à ce stade ont des chances d'être fructueuses – plus qu'au début – lorsque vous en êtes à concevoir l'idée elle-même.

La technique des cases « Et si... ? » est un scénario qui prévoit que tout se passera bien. Vous mettez noir sur blanc ce qui va se passer si tout va comme vous l'espérez. Le parcours est tout droit. Si vous désirez prendre en compte d'autres choix possibles, il vous faut alors créer un autre schéma.

Prévisions

Dans un monde où tout va vite, les prévisions sont toujours fausses parce qu'elles se fondent sur le moment présent et l'extrapolation des tendances actuelles. Que les prévisions puissent être fausses ne doit pas nous inciter à n'en tenir aucun compte, mais nous devons nous rappeler que prévoir doit comporter un certain degré de flexibilité... Il faut prévoir la situation dans laquelle on changera juste ce qu'il faut pour atteindre l'objectif prévu. Il est important de laisser une place à la flexibilité et aux incertitudes. On peut considérer qu'une prévision est un « axe principal » qui trace la voie pour ce qui sera fait à tel ou tel moment. Cette voie est alimentée par des affluents qui représentent ce qui doit être fait pour que le courant se propage tout le long de la voie principale, comme sur le schéma ci-dessous :

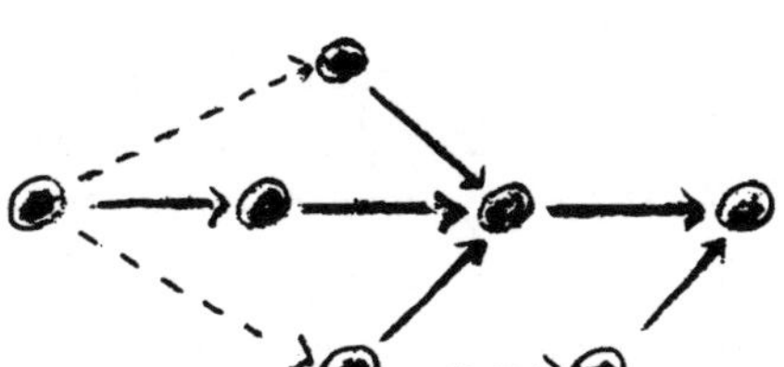

Naturellement, sur l'axe principal, certains points correspondent à des actions à prendre pour que le courant passe. C'est ce que suggèrent les pointillés. On obtient finalement un schéma qui ressemble beaucoup aux techniques de prévision qu'utilisent les entreprises.

Concevoir un plan nécessite qu'on inclue les possibilités de changement dont on a parlé plus haut :

- La flexibilité est essentielle pour que le projet puisse aller de l'avant si les circonstances changent – par exemple, un taux de change différent sur le marché des devises.
- Des « échangeurs » sont également à prévoir pour qu'une évaluation de la situation permette, au point où l'on se trouve, une réorientation ou un changement de direction.
- Des postes de contrôle pour repérer ce qui se passe à un moment donné.
- Des indicateurs de progression pour que l'état d'avancement du projet puisse être évalué.
- Enfin, des « disjoncteurs » pour être en mesure d'abandonner le projet si l'on s'est trompé – si le projet est jugé mauvais ou si les circonstances ont beaucoup évolué.

L'essentiel est que ces points soient intégrés dans le projet, car ce ne sont pas simplement des méthodes d'analyse du projet.

Le terrain

Toute action est inscrite dans l'avenir. L'avenir peut être pour nous un paysage dans lequel l'action va se dérouler. Ce paysage ou ce terrain possède certaines caractéristiques qui peuvent être très importantes pour l'action, contribuer à son déroulement ou, au contraire, l'entraver. Nous pouvons examiner ces caractéristiques les unes après les autres.

Les gens

Certaines personnes seront chargées de concevoir ou d'accepter des propositions d'action. Il s'agira de déléguer des pouvoirs, donner des ordres, communiquer. Il y aura ceux qui pourront aider ou freiner, ceux qui feront preuve de neutralité ou d'inertie, ceux qui saboteront peut-être le projet, résisteront, s'y opposeront ou le retarderont. La bulle logique des personnes impliquées sera à examiner pour que nous comprenions leurs motivations. Peut-être la solution consiste-t-elle à choisir les personnes qui conviennent le mieux pour l'action projetée.

Les risques

Toute ligne d'action implique que l'on prenne des risques puisque l'avenir ne peut être entièrement connu. Des inconnues subsistent, comme les réactions du public à un produit – malgré une étude de marché. Il est possible de deviner quel sera le comportement des gouvernements et de la concurrence, mais en partie seulement. Il y a aussi les changements imprévisibles que représentent l'inflation, les variations du taux de change et le prix des matières premières. Les découvertes technologiques sont d'autres inconnues. Puis les dangers réels que constituent les défauts de fabrication d'un produit ou les problèmes de sécurité. Puis il y a les risques de rupture de stock – lorsque les prévisions initiales ne se sont pas réalisées.

Les contraintes

Il existe des contraintes juridiques, des contraintes légales et des contraintes imposées par les systèmes de distribution. Il peut exister des contraintes de temps et de prix, des contraintes constantes ou temporaires. Un produit conçu avant que les modèles ne soient fixés peut devenir démodé ou invendable lorsque les modèles seront connus – que ce soit du fait du principal fabricant ou le résultat d'un accord.

Les ressources

Les ressources fournissent l'énergie et les moyens d'action. Par « ressources », on comprend les gens, le financement, le temps, l'effort, la motivation, le savoir-faire technique, le bon vouloir, la position sur le marché et de nombreux autres éléments.

L'avenir

Enfin, il doit y avoir une forme quelconque d'évaluation des futurs scénarios, où l'on tiendrait compte des changements politiques – des changements de gouvernement, par exemple. On devrait également tenir compte du comportement de la concurrence – soit parce que les concurrents réagissent à notre action, soit parce qu'ils suivent leur propre ligne d'action.

Conclusion : vie professionnelle et quotidienne

Ce chapitre semble s'adresser davantage au monde des affaires qu'à la vie quotidienne. C'est parce que le mot « action » est l'expression de base du monde des affaires, dans lequel il se passe toujours quelque chose : des projets, des stratégies, des objectifs. Dans la vie quotidienne, on peut se laisser porter jour après jour sans se fixer d'objectif bien net. Pour ceux qui veulent orienter leur action vers un but précis, il ne devrait pas être difficile d'extraire de ce chapitre les éléments qui peuvent s'appliquer à leur vie quotidienne – par exemple la technique toute simple de l'ABO (Aspirations, Buts, Objectifs) ou la technique des cases « Et si... ? ».

Chapitre 11

Réfléchir, un acte voulu

Comme nous en sommes arrivés au dernier chapitre de ce livre, je voudrais être aussi précis et pratique que possible. Que peut-on faire pour que la réflexion soit un outil à la portée de tous ? Quatre aspects importants sont à considérer. Pour que la réflexion devienne un savoir-faire, il faut en faire un acte voulu, conscient, précis, sûr et agréable.

Un acte délibéré

Un penseur devrait être capable de déclencher sa réflexion à volonté. Un penseur devrait être capable d'orienter sa réflexion sur n'importe quel sujet, sur n'importe quel aspect d'un sujet. Cela ne veut pas dire qu'en dehors de ces utilisations délibérées de sa réflexion, il ne réfléchit pas. Il y a des « aspects généraux » de la réflexion qui s'appliquent à tout moment et que j'examinerai plus loin dans ce chapitre. Pour le moment, je veux insister sur l'importance de rester maître de sa réflexion et de l'utiliser à volonté.

Un acte précis

Tant qu'on n'a pas appris à penser, on passe d'un point à un autre, en dérivant d'une idée à l'autre : délayage et inefficacité en sont le résultat. Dans ce type de démarche, on ne concentre sa réflexion que lorsqu'il s'agit d'attaquer sur un point donné la pensée d'un autre. Être précis dans sa réflexion est la chose la plus difficile à réaliser. L'esprit adore vagabonder le long d'avenues qui s'ouvrent ici et là. La réflexion n'exclut pas cet aspect divergent, surtout la pensée créative – mais cette « dérive » ne doit pas devenir l'expression dominante. Quand il n'y a pas eu d'entraînement à la réflexion, une idée déclenche une émotion qui, à son tour, détermine l'angle sous lequel on va voir les choses ; la pensée suit simplement sa route sans qu'aucune exploration du sujet n'ait lieu.

Les outils de réflexion mentionnés dans ce livre et utilisés dans la méthode CoRT fournissent les moyens de parvenir à une pensée précise. Vous pouvez vous mettre à faire le PMI que vous avez décidé de faire – et passer à l'acte. Le premier pas est de décider de faire ce PMI. Le second pas est de le *faire.* C'est en quelque sorte se donner un ordre définitif à soi-même.

Il est possible de concentrer sa réflexion à volonté, avec le degré de précision désiré. Par exemple porter son attention exclusivement sur « la bicyclette en général » ou sur « la forme d'un rayon d'une roue de bicyclette ». La réflexion peut être très large ou très pointue.

Un acte sûr

La réflexion devrait être un acte accompli avec assurance. C'est la règle pour tout savoir-faire. Que ce soit skier ou jouer au tennis, toute performance gagnera à être faite avec assurance. Il existe une grande différence entre « être sûr de soi » et « être arrogant ». Être sûr d'avoir raison, être sûr que sa propre réflexion dépasse toute autre, être sûr qu'il ne peut y avoir d'autres solutions possibles... sont des aspects de l'arrogance. Je l'ai déjà mentionné, l'arrogance intellectuelle est le défaut majeur de la réflexion parce qu'elle tue la pensée. Un penseur qui est sûr de soi n'est pas nécessairement un penseur brillant. La confiance en soi n'a rien à voir avec la valeur. C'est une façon de faire les choses. Un conducteur sûr de lui-même dans une petite voiture peut conduire avec assurance. Il se peut qu'il conduise plutôt lentement : il connaît ses propres limites et il les emploie avec assurance.

Un penseur sûr de soi n'a pas à se prouver qu'il a raison et que les autres ont tort. Il considère que la réflexion est un savoir-faire et non pas une réalisation de l'ego. Il est volontiers à l'écoute des autres, prêt à améliorer sa propre réflexion en acceptant une idée nouvelle ou une nouvelle façon de voir les choses. Un penseur sûr de soi est prêt à se mettre à réfléchir et il est capable de reconnaître qu'une réponse reste encore à trouver. S'il se trompe, il sera capable d'utiliser son erreur pour progresser.

Un acte agréable

Si nous prenons des médicaments uniquement lorsque nous sommes malades, nous ne risquons pas de les trouver jamais agréables. Si nous n'utilisons la réflexion que lorsque nous avons des problèmes insolubles, nous ne ferons jamais de la réflexion un outil agréable. Trouver la réflexion agréable ne signifie pas nécessairement qu'on se passionne pour les casse-tête, les jeux et les problèmes compliqués. Je vous avouerai que tout ceci ne me passionne pas. Réfléchir signifie davantage être en mesure de penser à des choses variées : avoir des idées, trouver des solutions, participer à une réflexion en profondeur. Certaines discussions sont terriblement ennuyeuses, comme celles où chaque partie essaie d'imposer un point de vue en particulier. Il y a des discussions intéressantes, celles, par exemple, où chaque partie explore un même sujet et, au bout du compte, acquiert des idées nouvelles et stimule sa propre réflexion.

Les enfants aiment beaucoup réfléchir. Un jeune garçon vénézuélien, qui, jusque-là, avait presque constamment fait l'école buissonnière, persuada ses parents de ne pas l'envoyer en vacances pour lui permettre de suivre des cours d'entraînement à la réflexion. Les adultes peuvent également aimer réfléchir lorsque leur ego n'est pas menacé et quand il existe une structure bien établie qui les encourage à penser. C'est dans ce but que j'ai proposé de créer des « cercles de réflexion », sortes de clubs destinés à fournir un cadre dans lequel les gens pourront utiliser leur « savoir-réfléchir » pour leur propre plaisir et pour être en mesure d'aborder leurs différentes tâches efficacement. Nous y reviendrons.

La réflexion ne concerne pas uniquement les situations sérieuses et solennelles. Elle peut être spéculative et amusante : « Que se passerait-il si... » etc. Défricher des idées, inventer des idées, jouer avec des idées – tout cela fait partie du plaisir de réfléchir. La réflexion ne doit jamais devenir exclusivement un moyen de prouver que l'on a raison envers et contre tout. Si vous réfléchissez uniquement pour imposer vos propres opinions aux autres, vous n'en retirerez rien de plus que ce que vous y aurez mis. Avoir raison est définitivement très ennuyeux.

L'image de soi

C'est le point le plus important de tous. Je l'ai mentionné au début de ce livre et je veux y revenir ici. L'image de soi « je suis intelligent » ou « je ne suis pas un intellectuel » est un jugement de valeur qui doit être défendu ou conservé. Dans le premier cas, la réflexion sert d'outil pour montrer son intelligence. Dans le second, on évite de réfléchir parce que réfléchir *doit* être considéré comme ennuyeux. L'image de soi « je suis un être qui réfléchit » est totalement différente. Il ne s'agit plus d'un jugement de valeur mais d'une image fonctionnelle.

Au tennis, le savoir-faire peut être amélioré par l'attention et la pratique. Le joueur aime jouer même s'il n'est pas le meilleur. Il en va de même de l'image de soi « je réfléchis ». Elle signifie « je peux essayer de réfléchir », « j'aime exercer ma réflexion », « j'ai envie d'apprendre à améliorer mes moyens de réflexion ».

Si toute mon œuvre, ce livre y compris, n'avait d'autre résultat que de provoquer un changement d'attitude vers une image de soi du type « je suis un être qui réfléchit », je serais heureux. Les techniques, interprétations et méthodes ont une importance secondaire à côté.

Gérer son temps

Nous aimons penser que la réflexion doit être libre de toute entrave. Le paradoxe est qu'une gestion stricte du temps augmente non seulement l'efficacité de la pensée mais aussi le plaisir qu'on en retire. Vous pouvez décider de penser à quelque chose pendant trente secondes, ou une minute, ou cinq minutes. Dans la méthode CoRT, une partie essentielle de la technique consiste à demander aux enfants de consacrer un court moment (deux à quatre minutes) à penser à quelque chose en particulier.

Derrière cette gestion du temps, il y a plusieurs motifs. Tout d'abord, la réflexion devient plus consciente et « pointue ». Le penseur met sa réflexion en marche et la fait fonctionner. Il se concentre directement sur la tâche. Avec le temps, il améliore la clarté de sa réflexion, et, ce qui est encore plus important, il y gagne en liberté. Car gérer son temps libère la réflexion de la tension d'avoir à continuer à réfléchir jusqu'à ce que la solution ou la réponse soit trouvée, puisque l'effort de réflexion ne durera que deux minutes. C'est ça la tâche à accomplir : penser pendant deux minutes. Après cela, on peut s'arrêter, que l'on ait trouvé ou non une idée. Dans la pratique, il est surprenant de constater à quel point cette gestion du temps est efficace pour éliminer l'angoisse de l'obligation de penser. Tout d'abord, les gens sont déçus de ne pas avoir découvert une idée extraordinaire dans un temps si court. Avec la pratique, ils découvrent que ce n'est pas le but poursuivi. Le but est qu'ils utilisent leur réflexion dans le temps alloué, quel que soit le résultat.

Avec de l'expérience, même trente secondes de réflexion sont une durée très longue. Après tout, les rêves les plus compliqués ne durent probablement pas plus de quelques secondes en temps réel.

Récolter

Ceci est un autre point très important. Si vous estimez que vous n'avez vraiment réalisé quelque chose que lorsque vous avez prouvé à quelqu'un qu'il a tort, résolu un problème difficile, trouvé la réponse, inventé une idée géniale, etc., alors vous n'allez sans doute pas essayer de commencer par réfléchir. Il est même sûr que vous n'essayerez pas de réfléchir juste quelques minutes. « Récolter » est l'autre face de « gérer son temps ». Je donne à « récolter » le même sens qu'il a dans le monde agricole : récolter du blé ou faire la cueillette des pommes. Dans le cas qui nous intéresse, il s'agit de pensées ou d'idées ; il s'agit de prendre conscience de ce qui a été réalisé, même si la réflexion n'a duré que quelques instants. Peut-être un point s'est-il éclairé ? Peut-être a-t-on identifié un blocage au niveau d'une idée ? Peut-être a-t-on une suggestion à faire ? Peut-être d'autres routes se présentent-elles ? Peut-être un point en particulier a-t-il été identifié comme un domaine spécialement difficile à élucider ?

Une véritable récolte signifie que l'on a une conscience aiguë de ce qui a été précisément accompli. Il y a toujours accomplissement de quelque chose. Il s'agit de s'en rendre compte. Lorsqu'on fait cette remarque : « je ne fais que tourner en rond », c'est une réalisation en soi : c'est l'identification d'une situation fermée.

Pensez à l'un des sujets suivants pendant trente secondes exactement ; puis écrivez ce qui, à votre avis, peut être « récolté » de votre réflexion :

1. Transports en commun.
2. Impôts.
3. Bonnes manières.
4. Temps.
5. Noël.
6. Une montre.
7. Lapins.

Cet exercice est destiné à « récolter ». Ultérieurement, dans ce chapitre, j'expliquerai comment se fixer des buts de réflexion.

Méta-réflexion : penser à sa démarche

Le penseur chevronné peut faire deux choses :

1. Réfléchir au sujet : accomplir la tâche de réflexion elle-même.
2. Réfléchir à la démarche mentale utilisée au cours de l'activité réflexive.

Réfléchir sur ce qu'est l'activité mentale n'est pas habituel, mais c'est un aspect important du savoir-réfléchir. Un joueur de golf pense aux coups qu'il va donner avec son club. Un joueur de tennis pense à son revers ou à son service. Cette faculté de prendre du recul et l'observation de soi-même-en-action (avec un œil presque extérieur) est un élément important de structuration du savoir-faire. Le penseur devrait à coup sûr prendre l'habitude d'observer sa propre démarche mentale. Il devrait être capable d'analyser *a posteriori* sa réflexion. Il devrait être en mesure d'observer ce qui se passe au moment même où il réfléchit. Il devrait être capable d'envisager la démarche qu'il va utiliser dans un futur proche.

Réfléchir, c'est aussi être capable d'observer la démarche réflexive d'autres personnes ou utilisée couramment dans tel ou tel cas. Ceci ne veut pas dire que l'on cherche à critiquer ou à agresser les autres. Le but est d'observer la démarche suivie comme un ornithologue observe un oiseau. À mesure que l'observation s'affine, elle devient plus fascinante.

En observant une démarche réflexive, les points suivants peuvent apparaître intéressants à observer : les processus de blocage, la réitération de certaines idées, les points où l'affectivité interfère, les éventuelles difficultés à inventer des solutions nouvelles, les passages à vide, d'autres façons de voir les choses, la probabilité d'une conclusion, l'identification d'une impasse, les difficultés que l'on rencontre pour aller de l'avant, pour démarrer, etc.

Un exercice utile consiste à dresser la liste de ces observations. Ce n'est qu'en mettant en mémoire tous ces concepts qu'il devient possible d'observer une démarche réflexive. Par exemple, le concept de « mots connotés » permet de rechercher ces mots et de les repérer. Une fois que vous devenez conscient des usages variés qu'on peut faire de ces mots, ils se détachent plus clairement du contexte.

Construire un OBECO

Il s'agit d'une structure très simple pour se concentrer sur sa démarche réflexive et en faire une activité consciente. La technique elle-même peut être incorporée dans une « session de réflexion de cinq minutes » que je décrirai ultérieurement dans ce chapitre. Pour le moment, on abordera la technique sous un angle plus général.

« OB » signifie « OBjectif » et « Occupation »

L'OBjectif est la cible de la démarche réflexive. Si nous observons des souliers, nous pouvons décider de concentrer notre attention sur le talon ou la forme de la chaussure ou la nécessité d'avoir une forme différente pour le pied gauche et pour le pied droit. Comme on l'a fait remarquer dans la section « Un acte précis », l'objectif peut être général ou restreint. Un objectif précis peut être le résultat d'une décision prise au cours d'une séance précédente.

L'Occupation est l'activité de réflexion qui peut être soit une révision consistant à examiner la façon dont quelque chose a été fait sous l'angle d'une amélioration éventuelle, soit la recherche d'une erreur éventuelle ou d'une correction à apporter, soit un problème à résoudre. Cela peut être tout simplement la recherche du problème ou un exercice de créativité. Dans le cas de l'observation d'une chaussure, on pourrait se poser des questions sur le talon : son rôle, comment l'améliorer, par quoi le remplacer... N'importe lequel des outils proposés dans ce livre ou dans la méthode CoRT peut devenir une « occupation ». Vous pouvez vous donner comme tâche de faire un C&S (Conséquences et Suites) ou un ABO (Aspirations, Buts, Objectifs).

Il est important de définir avec précision à la fois l'objectif visé et l'activité ou l'« occupation ».

« E » veut dire « Explorer » et « Élargir »

C'est la phase d'ouverture. On peut alors utiliser les techniques de la pensée latérale, le mot tiré au sort ou la provocation. Nous pouvons faire un « CAF » (Considérer Attentivement tous les Facteurs) et prendre spontanément en compte tous les facteurs. Nous pouvons scruter notre expérience, analyser la situation, tenter de détecter des structures connues.

Dans cette phase d'élargissement, nous pouvons ouvrir la voie, compléter la carte, explorer le territoire. Il n'est pas interdit de laisser vagabonder son esprit. Cela ressemble un peu à ce qu'on demande aux élèves de faire quand on leur dit : « Écrivez tout ce que vous savez sur… »

L'élargissement est positif et coule de source. À ce stade, il n'est pas question d'exercer un jugement ou de trouver des idées sensationnelles. C'est une phase où l'on apporte de l'information et des concepts. Ce qui compte, c'est enrichir le débat.

« CO » signifie « COntracter » et « COnclure »

À ce stade, le champ se rétrécit. On essaie de donner une signification à ce que l'on a acquis. On essaie d'atteindre une conclusion finale qui peut prendre la forme d'une solution, d'une idée créative, d'une proposition supplémentaire ou d'une opinion. Nous disposons d'outils pour concevoir, mettre en forme, juger. Conclure, c'est le résultat – et non pas seulement le résumé – de notre réflexion. À quoi cela revient-il ? À quoi cela rime-t-il ? Quel est l'aboutissement ? Le résultat ? La conclusion peut être établie à trois niveaux :

1. Trouver une réponse, une idée, une opinion spécifique.
2. Faire la récolte de ce qui a été accompli, ce qui peut inclure un inventaire des idées envisagées.
3. Porter un regard objectif sur la démarche mentale qui a été utilisée.

Même en l'absence d'éléments au niveau 1, on devrait avoir un résultat aux niveaux 2 et 3. L'OBECO, en tant que cadre de réflexion, devrait pouvoir être appliqué n'importe où pour : focaliser, démarrer une activité, ouvrir, rétrécir, conclure.

Exactement cinq minutes

Il s'agit d'un cadre rigide qui devrait être suivi de façon tout à fait stricte. Les cinq minutes se décomposent ainsi :

1 minute = déterminer l'OBjectif ;

2 minutes = Élargir et Explorer ;

2 minutes = Contracter et Conclure.

Cinq minutes sont vite passées lorsque la pensée divague. Mais cela paraît étonnamment long lorsqu'on se concentre. Au début de l'entraînement, la réflexion est souvent terminée avant que le temps de l'exercice ne soit écoulé.

La technique peut être exercée individuellement ou en groupe. Le groupe ne devrait pas dépasser quatre personnes si l'on veut que chacun participe activement.

Comme on l'a déjà mentionné, la durée imposée doit être acceptée. C'est un point important, car accepter le temps imposé signifie accepter la focalisation. Il arrive souvent qu'individuellement ou en groupe on décide d'adopter un objectif et une activité avant la fin de la première minute. On est alors tenté de se précipiter sur la phase suivante : c'est à éviter. En effet, la stricte observation du temps imposé évite de gagner du temps pour les phases d'élargissement et d'exploration en raccourcissant la première phase, qui, simple en apparence seulement, ne reçoit pas une attention suffisante. Il est donc très important d'accorder à la première phase toute la durée qui lui est réservée.

Un exemple de session de cinq minutes est proposé ci-dessous. Dans la pratique, c'est une phase orale plutôt qu'écrite. Le thème traité est le téléphone :

Objectif et activité (1 minute)

- Concevoir un nouveau modèle de téléphone.
- Corriger certaines erreurs.
- Ajouter au service actuel des fonctions supplémentaires.
- Inventer un service téléphonique nouveau.
- Se pencher tout spécialement sur un défaut majeur.
- Un exemple : les interruptions dues au téléphone.
- Moyens de ne pas être dérangés par le téléphone.

L'objectif sera donc de trouver un moyen de ne pas être dérangé par le téléphone.

Élargissement et exploration (2 minutes)

- Utiliser des répondeurs automatiques.
- Les Japonais utilisent des répondeurs automatiques pour les appels ordinaires, mais les correspondants privilégiés connaissent le numéro secret de leur correspondant et peuvent ainsi les joindre malgré tout.
- Avoir une secrétaire qui répond que vous êtes en réunion.
- Aux États-Unis : le système de « courrier oral » est un téléphone à sens unique permettant de laisser un message dans votre enregistreur. Vous « ouvrez » votre courrier oral aussi souvent que vous le désirez et

vous rappelez ou laissez un message dans le « courrier oral » de votre correspondant. C'est un moyen de ne plus considérer le téléphone comme un système en « temps réel ».

- Une sonnerie spéciale – ou, mieux, une lumière qui s'allume quand l'appel est urgent. Mais les gens risquent de tricher et prétendre que tous leurs appels sont urgents. Peut-être pourrait-on juger soi-même si l'appel est urgent. Une petite imprimante indiquerait le nom du correspondant et l'objet de l'appel. On pourrait aussi utiliser un écran (ce système existe, semble-t-il, pour les malentendants).

L'avantage de l'imprimante serait qu'on pourrait prendre la liste des appels, les numéros de téléphone des correspondants et le motif de leur appel, et rappeler quand on le désirerait. C'est sans doute plus pratique et plus rapide que de déchiffrer une voix sur une bande magnétique. Cela nécessiterait que chaque téléphone soit pourvu d'une sorte de fax individuel.

Contracter et conclure (2 minutes)

- Ce serait un moyen agréable de savoir qui a appelé et à quel sujet. Une secrétaire peut sans doute le faire, mais cela veut aussi dire qu'on sera interrompu et que le système exigera beaucoup de son temps et du vôtre.
- Un moyen visuel de lecture simultanée serait préférable. Si vous êtes très occupé, vous ne prendrez pas la peine de lire le message. Si vous êtes moins pressé et que l'appel est important, vous pourrez avoir envie de prendre la communication...
- Vous pourriez, bien sûr, demander à vos correspondants de vous envoyer un fax au lieu de vous téléphoner. La technologie n'est pas compliquée et l'imprimante existe déjà pour les malentendants.
- L'obstacle principal est que le correspondant aurait besoin d'un clavier codé. Comment résoudre ce problème ?

- Peut-être le correspondant pourrait utiliser le cadran que possède tout téléphone, en composant un code spécial. Cela permettrait d'utiliser n'importe quel téléphone.

Conclusion : une imprimante connectée à un téléphone et fonctionnant à partir d'un autre téléphone en utilisant le cadran normal.

Vue d'ensemble : comment trouver le problème et résoudre ?

On focalise son attention sur un problème en particulier. Ce problème peut être résolu mais aucune solution ne nous satisfait. On conçoit alors une solution idéale et on cherche les moyens pratiques de la réaliser. On expose une idée, puis on lui trouve un défaut. On trouve comment éviter ce défaut. Le résultat final est l'idée d'un produit spécial qui révèle une nouvelle fonction du téléphone.

L'exemple ci-dessus nous mène à une solution précise. Cela peut ne pas toujours être le cas. À la fin des cinq minutes de la session de réflexion, on peut ressentir surtout la difficulté du thème à traiter ou le besoin d'établir une cible plus spécifique. Si cela semble être le cas, alors la phase « Élargir et Explorer » peut être utilisée pour identifier et formuler une approche de sujet ou définir un problème qui peut être abordé ultérieurement. Ce qui importe, c'est que le résultat soit précis. Mais il y a un grand nombre de solutions alternatives. Il nous suffit que quelque chose ait été accompli. Il n'est pas réaliste d'espérer que tout le problème soit résolu en cinq minutes.

Il ne devrait y avoir aucune précipitation, sinon, c'est que la cible a été placée trop haut et sans précision. On peut répéter la session de cinq minutes en conservant la même cible, mais je ne conseillerais pourtant pas de le faire trop tôt, car on peut être tenté de transformer une session de cinq minutes en session de trente minutes, en multipliant les sessions sur le même thème. L'exercice, alors, n'aurait plus aucun sens.

L'OBECO symbolique

Le graphique ci-dessous représente la symbolisation de l'OBECO. Les symboles peuvent être utilisés séparément comme l'indication de « focaliser », « ouvrir » ou « réduire ou contracter ». On peut, par exemple, s'en servir pour annoter la marge d'un rapport.

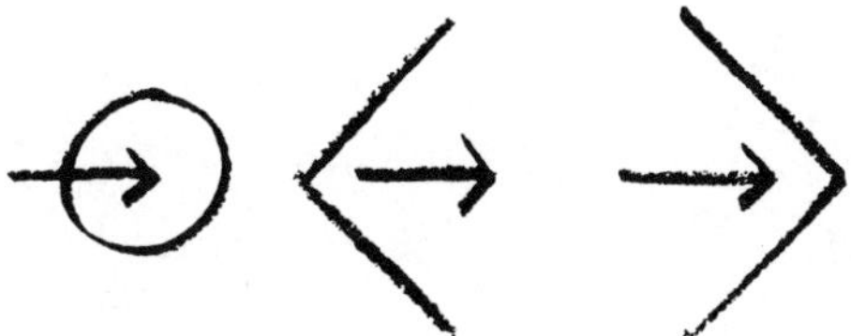

OB-jectif

OB-jectif
É-largir,
E-xplorer

CO-ntracter,
CO-nclure

BESCA

Cette technique propose un cadre plus complet. Comme l'OBECO (OBjectif, Exploration, COnclusion), le BESCA est décrit en détail dans le chapitre 6 de la méthode CoRT. Le sigle signifie ceci :

« B » veut dire « But »

Quel est l'objectif de la réflexion ? Quel est le résultat attendu à la fin du processus ? Pourquoi fait-on une démarche réflexive ? C'est une phase semblable à la phase « OB » de l'OBECO, mais on accorde une importance plus grande au « pourquoi » de la réflexion.

« E » veut dire « Entrée »

C'est l'entrée de l'information, de l'expérience et de tous les éléments qui doivent participer à la réflexion. À ce stade, les outils variés tels que le CAF (Considérer, être Attentif à tous les Facteurs), le C&S (Conséquences et Suites), le PVA (Point de Vue de l'Autre) peuvent contribuer à constituer une riche infrastructure. C'est un peu la phase « E » de l'OBECO.

« S » veut dire « Solutions »

Il s'agit de solutions possibles, d'autres choix au niveau des idées ou des approches du sujet. Le mot « solution » suggère qu'il y a un problème à résoudre, mais, dans le cas présent, il indique simplement des choix concrets qui se présentent. Dans ce sens, le « S » correspond à un rétrécissement qui ressemble au « CO » (CO-ntracter) de l'OBECO.

« C » veut dire « Choix »

Il s'agit du choix offert parmi les solutions de la première phase. Une décision est prise et une évaluation est faite ; ce qui permet d'en arriver par élimination à une solution unique. Le chapitre sur la prise de décision peut être de quelque secours ici.

« A » veut dire « Activité » et « Application »

Il s'agit de la phase active : on passe de la solution choisie à l'acte. Quelles mesures va-t-on prendre ? Quelle organisation va-t-on mettre sur pied ? On va s'occuper tout particulièrement de l'application de l'idée choisie.

Le BESCA symbolique

Voici les symboles qui représentent le BESCA :

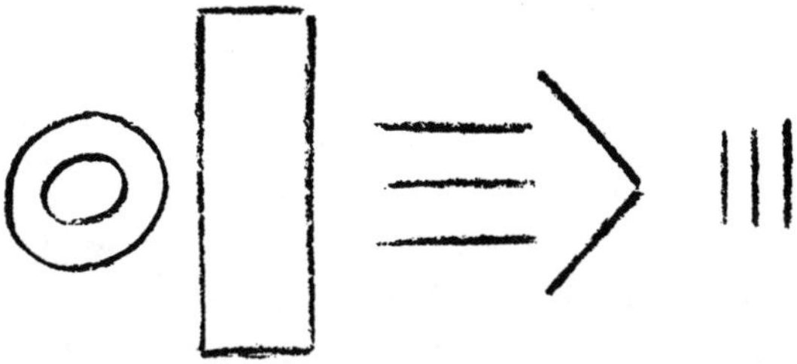

B-ut E-ntrée S-olution C-hoix A-pplication, A-ctivité

L'OBECO-BESCA

Les deux structures peuvent se combiner. L'OBECO est la structure plus générale. Le BESCA a des étapes plus longues et rend davantage de services si le problème ou le thème nécessite une réflexion approfondie.

Les étapes ne sont pas limitées dans le temps. Il faut simplement prendre conscience de l'étape dans laquelle on se trouve. Il est possible d'identifier un domaine qui nécessite une réflexion approfondie à n'importe quel stade de la stratégie BESCA, et le cadre OBECO peut alors être appliqué directement.

L'OBECO suffit pour des objectifs généraux et pour l'entraînement à la réflexion.

Une pratique systématique à la réflexion

On n'attend pas d'être en train de se noyer pour apprendre à nager. Pas plus qu'on apprend à nager uniquement dans le but d'éviter la noyade. Bien sûr, savoir nager évite la noyade, mais quand on apprend à nager, on apprend aussi à aimer nager. Il pourrait en être de même pour la réflexion : nous pourrions développer notre « savoir-réfléchir » dans le but d'être à la fois confiant et à l'aise lorsque nous en avons vraiment besoin. Nous pouvons également nous entraîner à la réflexion parce que cela nous fait plaisir d'appliquer notre « savoir-réfléchir » : les skieurs skient parce qu'ils aiment skier et pas seulement pour se servir de leurs skis comme moyen de transport sur la neige. Savoir skier est un plaisir en soi. Cela peut également être un plaisir de penser, mais, comme pour le ski, il peut exister une étape difficile où rien, semble-t-il, ne se passe, où l'on ne fait aucun progrès... Dans le domaine de la réflexion, cela correspond à l'étape où la pensée est encore attachée à l'ego, où l'individu veut se prouver qu'il a raison et où il veut résoudre tous les problèmes du monde chaque fois qu'il y réfléchit.

Lorsqu'on n'est pas ornithologue, on ne peut pas comprendre ce que fait un ornithologue. Quel intérêt à regarder sautiller des oiseaux ?

On a toujours besoin de construire le sens, la signification d'un domaine avant que les structures commencent à émerger. C'est à ce moment-là que le sujet devient passionnant. Il en est de même pour la réflexion. Elle devient passionnante après un certain temps d'entraînement et d'observation.

11. Réfléchir, un acte voulu

Cercles de réflexion

Plusieurs écoles enseignent déjà à réfléchir avec la méthode CoRT. Pour ceux qui ont fini leur scolarité ou qui sont dans des écoles qui n'enseignent pas cette démarche, il n'existe pas d'institutions ou d'organismes leur permettant de se former à la pratique du « savoir-réfléchir » tel que je la décris dans ce livre. Je propose donc que des « cercles de réflexion » se créent, où des petits groupes de gens pourront venir s'entraîner à la réflexion sur des sujets spécifiques. À la fin de ce livre, je décris les moyens de créer et de diriger un cercle de réflexion. Je donne aussi une adresse où il est possible d'obtenir des renseignements complémentaires sur ce type de cercle.

Diverses techniques de « savoir-réfléchir »

Cette partie du chapitre concerne l'application systématique de la réflexion à des situations particulières, survenant à des moments particuliers. Il existe un deuxième aspect de la réflexion qui apparaît quand certaines habitudes et stratégies sont devenues une « seconde nature ». Lorsqu'il s'agit de la réflexion appliquée consciemment à une situation, on peut organiser une séance de cinq minutes et la consacrer à réfléchir. S'il s'agit de l'autre aspect, la « seconde nature », tout se passera automatiquement quelle que soit la situation, sans effort particulier au niveau conscient. Finalement, les deux aspects sont nécessaires : l'aptitude à faire converger la réflexion sur un sujet donné selon les règles connues ; l'habitude bien ancrée de la réflexion (la seconde nature) qui utilise automatiquement le « savoir-réfléchir ».

Ce qu'il ne faut pas oublier de dire, c'est que l'entraînement systématique et organisé à la réflexion doit obligatoirement précéder la phase où elle devient une seconde nature. En effet, si cela n'est pas le cas, les concepts « exécutoires » (de mise en application) ne participent pas à la démarche réflexive. Dans cet entraînement systématique, nous en restons au niveau des bonnes intentions : « Je suis intelligent et je me considère un être pensant, donc je n'ai rien de plus à faire concernant mon intelligence. Je considère également que j'ai l'esprit ouvert et que je suis prêt à écouter les autres. » Ces intentions, parfaitement floues, n'ont jamais contribué à développer tout le potentiel du « savoir-réfléchir » de qui que ce soit.

Les habitudes de réflexion qui peuvent devenir les composantes du « savoir-réfléchir » sont :

- la compréhension de l'importance de la perception et de son rôle dans l'élaboration et l'utilisation de structures ou de schémas ;
- une tendance à rechercher instinctivement des solutions de rechange non seulement lorsque le besoin s'en fait sentir clairement, mais aussi lorsqu'il n'y a pas de choix possible à l'horizon ;
- le refus d'adopter toute attitude d'arrogance intellectuelle ;
- le refus d'adopter une attitude négative et la préférence pour l'exclectique plutôt que pour la dialectique ; l'attitude négative étant considérée comme une démarche réflexive facile et sans valeur ;
- la volonté de se mettre à l'écoute des autres. L'habitude de faire un PVA (Point de Vue de l'Autre) et d'examiner les bulles logiques d'autrui ;
- l'habitude de faire, dans une discussion, un EDC (Examiner les Deux Côtés) et un ADRAV (Accord, Désaccord, Rien À Voir) ; l'habitude de clarifier les valeurs dans ces discussions ;
- une vue globale du rôle de l'affectivité, des sentiments et des valeurs morales dans la réflexion – sans oublier de pratiquer la réflexion au niveau de la prise d'information, au niveau perceptif, avant de faire intervenir les émotions ;
- un parcours rapide et général de la situation avant d'arriver à la conclusion ; cela peut vouloir dire la pratique d'un PMI (Plus, Moins,

Intéressant), d'un CAF (Considérez Attentivement tous les Facteurs) et d'un C&S (Conséquences et Suites) ;

- l'aptitude à prendre des décisions ;
- l'aptitude à se fixer des objectifs finals ou intermédiaires, et désigner des lignes d'action ;
- l'aptitude à utiliser des idées pour leur dynamisme et également à utiliser consciemment la provocation ;
- une bonne compréhension de ce qu'est la pensée latérale et une volonté de renouveler les perceptions, même si le succès n'est pas apparent. Un certain courage pour utiliser des techniques comme celle du mot tiré au sort quand on cherche des idées nouvelles ;
- la capacité de se tourner vers une démarche mentale organisée et précise ;
- aimer l'efficacité et « passer à l'acte » ;
- reconnaître à la réflexion sa valeur d'outil et bien se situer dans son rôle d'« homme réfléchissant ».

Usage formel ou informel des outils de réflexion

Faut-il utiliser chaque fois de manière formelle et explicite les outils présentés dans ce livre, ou finissent-ils par devenir comme une « seconde nature » ?

Au fil des ans, il est devenu clair que ces outils sont le plus efficaces quand ils sont utilisés de manière formelle et explicite. Ce n'est pas surprenant. Le formalisme mathématique fonctionne lorsqu'il est utilisé délibérément.

Si vous devez réfléchir à quelque chose, pour vous-même ou en groupe, n'hésitez pas à recourir volontairement à ces outils de réflexion.

Parfois, on n'a pas le temps de le faire. Les outils sont alors utilisés de manière informelle. Par exemple, utiliser le PMI de manière formelle permet de se faire facilement une idée équilibrée de la situation, même si cet outil n'a pas été nommé explicitement.

Néanmoins, l'utilisation formelle de ces outils n'est pas une simple étape qui devrait conduire à leur pratique automatique et informelle. Leur utilisation formelle reste le moyen le plus puissant pour réfléchir efficacement. De nombreux créatifs m'ont dit qu'ils obtenaient de bien meilleures idées quand ils utilisaient ces outils de manière formelle et explicite, et c'est également mon expérience.

Chapitre 12

En résumé

Ce livre est le fruit de nombreuses années d'expériences dans le domaine de l'enseignement pratique de la réflexion, destiné à des publics d'âges, d'aptitudes et de cultures variés. On ne peut se contenter d'analyser dans son coin ce que la réflexion devrait être et proposer son analyse comme méthodologie pour enseigner le mécanisme de la pensée. Cela peut nuire – et cela nuit considérablement – à l'enseignement pratique des démarches mentales.

L'un des aspects de l'entraînement à la réflexion est le besoin de supprimer certaines idées fausses et de se débarrasser de certaines habitudes. Par exemple, nous avons vraiment grand besoin de cesser de considérer que la réflexion est simplement de l'« intelligence en action ». Il nous faut absolument considérer qu'il s'agit d'un savoir-faire que chacun peut apprendre. Il nous faut découvrir le « piège de l'intelligence ». Il nous faut encourager l'image de soi que génère l'affirmation « je suis capable de réfléchir ».

Il nous faut également reconnaître que la pensée occidentale est dominée par l'expression négative du « choc des idées », de la critique et de la dialectique. Il nous faut mettre la pensée négative à sa vraie place et donner à la pensée créative, constructive et conceptuelle, sa vraie priorité.

Il nous faut changer notre conception de ce que sont la réflexion et l'action. Pour parvenir à un tel changement, il nous faut un concept tel que le « savoir-agir », l'« opérationnalité », qui attribue à la réflexion un statut officiel lorsqu'il s'agit d'agir. Il nous faut apprécier l'efficacité et non pas simplement des jeux intellectuels.

12. En résumé

Il nous faut comprendre le rôle capital de la perception dans la réflexion. En particulier, le fonctionnement de la perception en tant que système d'auto-structuration avec tout ce que cela comporte. La pensée latérale, par exemple, en découlera directement et logiquement.

Il nous faut mettre l'affectivité, les sentiments et les valeurs morales à leur propre place. Ce sont, en fin de compte, les éléments les plus importants de la réflexion – mais seulement s'ils interviennent en fin de démarche et non au début.

Il nous faut comprendre le prix à attacher à une conception rigoureuse et consciente de la réflexion, et cesser d'en parler interminablement en termes vagues. Il est possible que nous préférions que les habitudes, attitudes et stratégies deviennent une seconde nature, mais cela ne se fera pas simplement parce que nous le souhaitons. Les étapes conscientes et organisées doivent venir en premier.

C'est ainsi qu'une partie de ce livre est consacrée aux thèmes de la compréhension, de l'évaluation, de la mise en contexte, de la lutte contre les idées fausses et des efforts pour transformer une approche intuitive en réflexion véritable. Parfois, le problème peut avoir été posé en termes excessifs ou trop brutaux, mais l'expérience prouve que cela est nécessaire. Le plus grand ennemi de la réflexion est le sentiment que notre réflexion est de toute façon satisfaisante et qu'il n'est pas besoin de rien faire en particulier pour l'améliorer. Je ne souscris pas à cette idée, car je pense que nous avons fait des progrès en technologie mais régressé lamentablement dans d'autres domaines. Je suis persuadé que nous aurions progressé beaucoup plus vite si nous avions eu moins de complaisance quant à nos démarches de pensée et si nous avions été moins enclins à confier la réflexion à ceux qui se servaient d'un langage antique et solennel.

J'ai dû parfois forger des mots nouveaux afin de mieux cerner un concept. Par exemple, il y a plusieurs années, j'ai dû créer l'expression « pensée latérale », afin de mieux cerner un domaine qui recouvre partiellement celui de la créativité tout en en restant distinct. Le mot « po » est une autre création nécessaire qui découle tout droit de la logique du système de mise en structure. Dans ce livre, j'ai introduit des systèmes nouveaux comme « valeur dynamique » d'une idée, « exclectique » (par opposition à « dialectique »), « bulle logique » pour décrire simplement l'ensemble complexe des perceptions et de l'organisation logique dans laquelle un individu agit, « opérationnalité » ou « savoir-agir », qu'il faut distinguer de la réflexion de type descriptif. Tous ces concepts sont proposés comme des outils importants et nécessaires à la réflexion. Je pense qu'ils devraient entrer dans le langage, car, sans mots nouveaux, nous ne pouvons nous approprier de nouveaux concepts ; ils dérivent rapidement vers des concepts anciens si nous n'avons à notre disposition que des mots anciens pour les transmettre.

On trouvera aussi des expressions descriptives comme le « piège de l'intelligence », l'« effet Everest », l'« effet-Vénus-des-chaumières », les « questions-fusées » et « questions-hameçons », la « lecture dense », le « contexte préalable à la décision », etc. Toutes ces expressions n'ont qu'une valeur descriptive et communicative. Elles survivront si elles ont quelque utilité, sinon elles disparaîtront. Si elles ont servi à transmettre une idée, cela sera suffisant.

Quant aux outils spécifiques – qui sont des techniques d'orientation de l'attention – les lecteurs désireux de comprendre tout ce qu'ils recouvrent pourront lire mon livre *Teaching Thinking*. J'ai conscience que la série de sigles PMI, CAF, ABO, PVA, HG, BG... risque de paraître très artificielle et inutile. C'est en effet ce dont les enseignants se sont plaints, *avant* d'utiliser le matériel, lorsque je présentais ces sigles dans la méthode CoRT. Après avoir expérimenté la méthode, les enseignants demandèrent d'autres sigles... Ils avaient découvert le besoin d'instructions nouvelles et simples qui puissent servir pour une démarche personnelle, ou être données à d'autres pour leur propre démarche. Que nous l'apprécions ou non, une instruction telle que « faites un PMI » est plus efficace qu'une exhortation à considérer les deux aspects d'un problème. Ceci n'a rien d'étonnant puisque c'est ainsi que fonctionne notre cerveau : par structuration.

Ces outils (PMI, APC, etc.) peuvent être utilisés systématiquement et ils permettent à ceux qui les utilisent de prendre conscience des progrès qu'ils font dans la maîtrise de l'outil. L'effet est alors répertorié comme « opératoire » – en d'autres termes, il s'agit d'un apprentissage non plus au niveau de la description, mais au niveau de l'action.

Comme le lecteur peut l'imaginer facilement, j'ai dû faire front ces dernières années à des attaques interminables contre mon jargon et son caractère artificiel. Ces attaques proviennent de gens qui n'ont aucune expérience d'un enseignement de ce type. Ces personnes préfèrent s'accrocher à l'argument du jargon plutôt que de discuter des concepts de base. En fin de compte, la pratique l'emporte toujours. Les expériences faites auprès de milliers d'adultes et de jeunes plaident en faveur de l'utilisation de ces « guides de l'attention ». En fait, je suis le premier à détester le jargon habituel des psychologues. D'ailleurs, ce n'est pas à eux que je m'adresse ici.

Certains pensent que, s'ils sont très attentifs à leur démarche de pensée, ils vont en être gênés et ressembler au mille-pattes qui fut paralysé lorsqu'il voulut savoir quelle patte avançait la première. C'est un point dont il faut tenir compte et il faut bien avouer que certaines méthodes ont cet effet-là. Le lecteur aura remarqué, je l'espère, que les outils suggérés dans ce livre ne sont rien d'autre que des outils destinés à orienter l'attention. Il ne s'agit aucunement d'une méthodologie compliquée et déroutante : vous procédez comme d'habitude dans votre démarche de pensée, mais il vous est possible d'insérer, à différents stades et dans quelque ordre que ce soit, des « orienteurs » tels que PMI (Plus, Moins, Intéressant) ou PAV (Point de Vue de l'Autre), afin de rendre les choses plus claires. Si vous deviez tout oublier à l'exception d'une seule technique, par exemple le PMI, vous n'auriez pas perdu votre temps. Dans une méthode compliquée, si vous en avez oublié une partie, vous n'êtes pas seulement dérouté, mais vous êtes perdu également.

Faut-il pratiquer la réflexion de façon consciente comme ce livre le recommande ? La réponse est oui. Le seul fait de lire l'explication de la façon dont on accède à la compréhension – soit par de brusques éclairs, soit par un lent parcours, soit par une prise de conscience – peut améliorer votre démarche de pensée. Par exemple, votre attitude face à la pensée négative peut changer. D'autres aspects de la réflexion exigent un entraînement volontaire : par exemple, chacun de nous a bien l'intention de respecter les autres, mais s'il fait un PVA (Point de Vue de l'Autre), il obtiendra un résultat très différent. Dans un autre domaine, vous pouvez lire des centaines de livres de cuisine ou des manuels expliquant comment jouer au golf ou conduire une voiture... sans arriver à un résultat équivalent à celui que l'on atteint par la pratique.

Ceux qui ont toujours estimé qu'ils avaient une excellente démarche intellectuelle continueront sans doute à le penser et trouveront ce livre inutile. Je leur souhaite bon vent. Je n'oublierai jamais la façon dont mes premiers livres sur la pensée latérale ont été reçus. Les personnalités les plus en vue dans le monde de la créativité m'ont écrit pour me dire à quel point mes livres leur étaient précieux.

Je voudrais terminer sur une note personnelle qui résume ma propre expérience. Si vous rencontrez des jeunes à qui on a permis de réfléchir, alors vous serez aussi témoins de résultats incroyables.

Annexe : Comment créer un cercle de réflexion

Pour le tennis, il existe des courts, pour le golf, des terrains et, pour le ski, des pistes. Où donc pratiquer la réflexion, si on la considère comme une technique ? Il y a bien les puzzles, les mots croisés, les romans policiers, les jeux de société, mais cela ne concerne qu'une partie de la réflexion. Beaucoup de gens qui aiment réfléchir – et y excellent – n'aiment pas les puzzles et les jeux. Ils préfèrent une réflexion large et efficace, une réflexion qui relève plus de la sagesse que de l'habileté. Nous sommes obligés de recourir à la réflexion lors d'une prise de décision importante, l'achat d'une maison ou la recherche d'un autre emploi, par exemple. S'entraîner à la nage seulement au moment où on se noie n'est pas d'un grand secours ! De même, réfléchir sous la contrainte ne sera ni un entraînement valable ni une activité plaisante. La réflexion obligatoire devient une sorte de remède que l'on prend en cas de crise uniquement.

Un cercle de réflexion est un endroit spécifique pour pratiquer et s'amuser à la réflexion. Il n'y a pas de bonnes ou mauvaises réponses ni de tests. Le cercle de réflexion est destiné à ceux qui aiment et qui veulent développer leurs capacités de réflexion. Réfléchir ne diffère pas d'un autre loisir ou d'une autre activité – si vous voulez l'apprécier, vous devez faire un effort. Vous n'améliorerez pas vos compétences au tennis ou au ski simplement en vous promenant dans la rue. Vous avez besoin de vous entraîner dans un endroit adapté.

Conditions d'admission

Pour créer ou faire partie d'un cercle de réflexion, une seule condition : la motivation. Il faut que vous soyez intéressé par la réflexion et il faut que vous soyez prêt à faire un effort.

Beaucoup d'associations exigent une licence, un diplôme ou un quotient intellectuel minimal. Il n'en est pas de même avec les cercles de réflexion. Il suffit d'être assez motivé pour y entrer. Ce critère rend l'admission finalement plus difficile car la vraie motivation est rare.

Beaucoup prétendent s'intéresser à la réflexion, mais sont-ils vraiment prêts à faire des efforts ? Pratiquement, on peut tester leur motivation de deux façons : en évaluant la valeur financière de leur intérêt (seriez-vous prêt à y consacrer le prix d'une cigarette par semaine ? ou d'un paquet ? ou d'un repas au restaurant ou d'une soirée en ville ?). Tout le monde peut mesurer sa motivation de cette façon.

On peut, en deuxième lieu, mesurer cet intérêt en termes de priorité : sera-t-il prioritaire en face d'autres activités ? Assisterez-vous aux réunions d'un cercle de réflexion d'une façon régulière ou seulement s'il n'y a rien de mieux à faire le soir en question ? On voit ainsi que la motivation est un critère plus exigeant qu'il n'y paraît.

L'objectif du cercle de réflexion est de mettre à disposition un endroit et décider d'un moment précis pour la pratique de la réflexion. La pratique dans un cadre précis devient le principal avantage. Tous les participants savent exactement la raison de leur venue, sinon ils ne seraient pas là.

Quel type de réflexion ?

Les cercles doivent se consacrer à la réflexion telle que je l'ai décrite dans ce livre. Elle se décompose comme suit :

Annexe : Comment créer un cercle de réflexion

Il s'agit davantage de simple bon sens que de verbiage intellectuel. Il est important que la réflexion soit efficace et qu'elle permette d'arriver quelque part : c'est l'opposé d'une réflexion oiseuse.

L'efficacité y joue un rôle important et on la retrouve dans le concept d'« opérationnalité » qui définit la nature de réflexion précisément nécessaire pour agir. C'est le contraire de la réflexion inefficace.

Ce n'est surtout pas un endroit où la réflexion est utilisée pour prouver que l'on a raison et que l'autre a tort. Le cercle de réflexion n'est pas un endroit pour étaler ses disputes, ses préjugés, et où l'on campe sur sa position. C'est un endroit où l'on peut explorer un sujet et en faire largement et honnêtement l'évaluation – sans essayer de prouver forcément qu'on a raison, qu'on est le plus intelligent. Ce point devra être rappelé régulièrement.

On mettra l'accent sur la perception, sur la façon dont on appréhende les choses, et non sur les démarches et processus compliqués, sous forme mathématique ou autre.

La réflexion sera neutre et objective. Les clubs de réflexion ne sont pas au service d'opinions politiques ou religieuses.

La réflexion sera positive et constructive. Le négatif a aussi sa place dans la réflexion, mais une place moins importante que le positif et le constructif. Prouver à des personnes qu'elles ont tort, dans le cadre d'un cercle de réflexion, n'est pas l'objectif recherché comme il peut l'être dans d'autres contextes.

L'humour y joue un rôle important. Rien ne justifie que la réflexion soit solennelle et sans humour. Même si le sujet discuté est très sérieux, la conversation en elle-même n'a pas à être pesante.

La clarté et la simplicité sont très importantes. Les idées devraient être exprimées le plus simplement possible. Compliquer les choses pour le plaisir devrait être interdit.

L'arrogance est le péché capital.

Les cercles de réflexion sont avant tout faits pour la pratique et le plaisir de la réflexion. Cela signifie qu'il faut porter un regard objectif et détaché sur cette activité.

Il y a deux types de réflexion : la première sur le sujet ou le problème, l'autre sur l'acte réflexif lui-même (valeurs, préjugés, blocages, manque d'idées, etc.). Cette faculté de se regarder penser est comparable à celle d'un joueur de golf observant son propre style pour améliorer sa technique.

Activités

Le rôle du cercle de réflexion est de fournir un endroit, un moment donné et un cadre défini pour la pratique, le développement et le plaisir de la réflexion. Il y a trois étapes :

1. l'apprentissage des techniques de base de la réflexion ;
2. l'entraînement à ces techniques ;
3. leur application.

Au départ, on se consacrera surtout à l'apprentissage des techniques de base pour pouvoir s'en servir avec facilité et en acquérir la maîtrise. Il faut s'appliquer consciemment à acquérir les techniques elles-mêmes. Plus tard, une fois maîtrisées, ces techniques peuvent être appliquées d'une façon pratique à des problèmes ou des tâches spécifiques. Il peut s'agir de questions d'actualité, de problèmes personnels, de la discussion d'un livre, d'un article ou d'une émission de télévision. Un membre du cercle peut suggérer un problème personnel ou professionnel durant la réunion. La réflexion peut être dirigée sur la gestion et le contrôle d'une tâche spécifique (en gardant toujours en tête que l'« opérationnalité » joue un rôle majeur dans ce type de réflexion). Mais toutes ces étapes viennent plus tard, et c'est une erreur de vouloir les introduire trop tôt.

Règles et discipline

Le lecteur sera peut-être choqué de découvrir l'importance que j'attache à ces deux éléments dans les cercles. Partisan de la réflexion libre et exploratrice, ne devrais-je pas éviter les règles et les structures rigides ? En fait, c'est le contraire. Puisqu'il n'y a pas de réponses justes ni d'idées préconçues, on a besoin d'une structure très stricte. Sinon, c'est la dérive, le bavardage, le désordre. Tout comme la discipline est nécessaire pour organiser un ballet de danse ou tout autre sport. Sans elle, rien n'aboutit. Si l'on veut se servir de la réflexion d'une manière dense et précise, il faut savoir la contrôler à volonté. C'est la rigidité de la structure qui permet la liberté du contenu.

Il est important aussi d'exercer une discipline sur la durée des réunions. La limite d'une heure doit être scrupuleusement respectée. Si l'on accorde trois minutes à la réflexion sur un sujet, une sonnette doit marquer son terme et la réflexion s'arrête. Comme indiqué plus haut dans ce livre, cette discipline est un facteur libérateur, car elle nous oblige à nous consacrer au sujet lui-même avec exactitude et précision. Cela veut dire que la réflexion doit être faite durant le temps préalablement établi et non jusqu'à ce que le problème soit résolu.

La discipline et le règlement sont un bon substitut pour l'enthousiasme, comme chacun le sait dans tout monastère. L'enthousiasme vient et repart en fonction de l'humeur du moment. La discipline permet de continuer à avancer lorsque l'enthousiasme initial s'est un peu estompé et jusqu'à ce qu'il revienne. De plus, la discipline implique que la réflexion peut être dirigée sur le sujet lui-même plutôt que sur la structure de la réflexion.

J'espère avoir expliqué cette idée de manière suffisamment ferme. Ma longue expérience a démontré qu'il est extrêmement important dans le développement des techniques de réflexion. Sans elle, je ne pense pas qu'un cercle de réflexion puisse fonctionner correctement. Les durées des réunions, par exemple, doivent être décidées par avance (pourquoi pas les premiers et troisièmes lundi de chaque mois), sans quoi il devient impossible de faire plaisir à tout le monde, et le sentiment d'engagement se perd.

Organisation

Il y a plusieurs aspects à prendre en compte : les gens, le lieu de rencontre, le temps, l'ordre du jour, la communication, etc.

Les membres

Un cercle de réflexion comprend exactement six membres. Il peut exister un nombre restreint de membres associés qui assistent aux réunions mais qui ne sont pas membres à part entière. Si l'un des membres n'assiste pas aux réunions d'une façon régulière, il est remplacé par un membre associé (un membre doit assister aux trois quarts des réunions au moins). On peut créer un nouveau cercle quand il y a assez de membres associés. Il peut aussi y avoir des périodes de transition, par exemple lors de la création du cercle, où les membres sont moins nombreux. Mais six est le nombre idéal, car il convient le mieux au fonctionnement du cercle. Les six membres peuvent travailler en groupe de six ou en deux groupes de trois.

L'organisateur

L'organisateur, qui joue le rôle de l'hôte, a la responsabilité générale des réunions. C'est lui qui assure le déroulement de la réunion. Il doit être efficace, compétent et doit bien s'entendre avec les autres. Le charme sans la compétence ne suffit pas. L'organisateur peut déléguer les fonctions suivantes : chronométreur, procès-verbaliste, surveillant. On doit garder le même organisateur tant que le cercle continue et non pas assumer cette fonction à tour de rôle. Si un autre membre veut vraiment y accéder, on peut envisager le changement tous les six mois. Mais la fonction ne doit pas être tenue à tour de rôle par d'autres membres qui ne veulent ou ne peuvent pas l'assumer. Il faut toujours prévoir, bien sûr, un remplaçant au cas où l'organisateur tombe malade ou ne peut assister à la réunion.

Le chronométreur

Un rôle important, car le chronométrage doit être rigoureux et très strict. L'heure du début et de la fin des réunions doit être scrupuleusement respectée. Le chronométreur veille aussi sur tous les exercices. Beaucoup de montres digitales possèdent un chronomètre. Prendre des libertés avec le chronomètre conduit rapidement à un sentiment général de flou, de laisser-aller, et à un manque de focalisation.

Le procès-verbaliste

Il doit établir le procès-verbal de chaque réunion. Des résumés succincts mais qui captent l'essentiel d'une discussion nécessitent beaucoup d'adresse. Le résumé devrait être de trois cents à cinq cents mots.

Le surveillant

Il doit rappeler aux membres les détails de la réunion suivante et veiller à ce que toute absence éventuelle soit signalée bien à l'avance.

Lieu de rencontre

Une maison convient mieux qu'un bistrot dont l'ambiance manque de rigueur. Le lieu, l'heure des réunions ne doivent pas changer ; il n'est pas bon d'accueillir le cercle à tour de rôle. Par contre, on peut prévoir un deuxième lieu de rencontre pour remplacer, en cas de force majeure, le lieu habituel.

Fréquence des réunions

On estime qu'une réunion par quinzaine est ce qui convient le mieux. Le jour doit être fixé à l'avance et d'une façon simple et prévisible : par exemple, le premier et le troisième lundi de chaque mois. De toute façon, on ne trouvera jamais une date qui convienne à tout le monde. Cependant, on tiendra compte des périodes de vacances.

Durée des réunions

Les quatre premières réunions ne doivent pas dépasser une heure ; les quatre suivantes, une heure et demie ; ensuite, les réunions peuvent être portées à deux heures. Au terme de ces limites, la réunion doit être close même si les membres choisissent de rester ensemble. On est souvent tenté de continuer la réflexion et la discussion, surtout si elles progressent bien. Il faut l'éviter, car on passerait alors de « réfléchir » à « trouver des solutions », ce qui transformerait la nature des réunions.

Journal

Chaque cercle doit tenir un journal où figure le procès-verbal de chaque réunion. On y trouvera l'heure, le lieu de rencontre et les noms des personnes présentes, ainsi que l'ordre du jour et un résumé de la réflexion qui s'y est déroulée.

Contenu des réunions

Pour assurer dès le début l'homogénéité du cercle, il est préférable que tous les membres aient lu ce livre. Cela donnera à tous un aperçu des techniques de base et évitera des explications superflues.

Un exemple d'ordre du jour pour deux réunions est fourni ci-dessous.

Deux choses sont importantes pour le contenu des réunions. La première est de commencer par la pratique et le développement des techniques de base de la réflexion. Il est tentant d'en faire trop dès le début. Cela donne généralement une discussion sans intérêt qui contredit le but du cercle. La seconde est de garder constamment un équilibre entre les sujets sérieux et les sujets distrayants. Les gens ont souvent cette idée reçue que la réflexion doit toujours être sérieuse et pesante mais cela est une erreur. Ce qui est drôle ou amusant évite souvent de tomber dans le piège des stéréotypes et des préjugés. La confiance en la réflexion doit être construite en premier lieu sur une autre base. En fait, la proportion idéale entre les sujets sérieux et les sujets amusants devrait être d'un pour trois en faveur des amusants, du moins au début.

Exemple de réunion 1

Voici un exemple d'ordre du jour.

1. Thème

L'organisateur expose le thème de la réunion : l'emploi d'un PMI. Il rappelle ce qu'est le PMI (Plus, Moins, Intéressant). Durée : 2 à 3 mn.

2. Premier exercice

Le groupe de six travaille ensemble. Le chronométreur contrôle les temps alloués à chaque rubrique : 2 mn pour les points Plus (P), 2 mn pour les points négatifs (M) et 2 mn pour les I, (intéressants). Respecter scrupuleusement l'horaire.

Sujet : Chacun devrait porter un badge indiquant son humeur. Durée : 6 minutes.

(À noter que lorsque les participants travaillent tous ensemble, il n'est pas nécessaire pour le procès-verbaliste de prendre des notes.)

3. Deuxième exercice

Division du cercle en deux groupes de trois qui doivent s'éloigner l'un de l'autre pour ne pas se gêner. Chaque groupe fait un PMI, consacrant deux minutes à chaque section. Le chronométreur contrôle le temps pour les deux groupes et leur précise lorsqu'ils doivent passer au sujet suivant. À la fin des six minutes, les deux groupes se réunissent alors et font part de leurs résultats. C'est la partie compte-rendu (4 mn). Chaque groupe devrait avoir pris des notes.

Sujet : Il serait utile d'avoir une deuxième paire d'yeux derrière la tête.

Temps de travail : 6 mn. Compte-rendu : 4 mn. Total : 10 mn.

4. Troisième exercice

On donne à chaque membre une rubrique à traiter (Plus, Moins ou Intéressant) en 2 mn.

Sujet : Au lieu d'aboyer, les chiens devraient être dressés à appuyer sur une sonnette d'alarme si un intrus entre par effraction dans une maison.

À la fin des deux minutes, le groupe se rassemble et chaque participant expose les résultats de sa réflexion.

Temps de travail : 2 mn. Compte-rendu : 4 mn. Total : 6 mn.

5. Quatrième exercice

Deux groupes de trois font chacun un PMI complet en respectant les limites indiquées par le chronométreur, deux minutes par section. À la fin des six minutes, les deux groupes échangent leur compte-rendu et comparent leurs résultats.

Sujet : À la fin de leur scolarité, tous les jeunes devraient faire un service civil national (enseignement, travail hospitalier, aide sociale...) d'un an.

Temps de travail : 6 mn. Compte-rendu : 5 mn. Total : 11 mn.

6. Carrefour-débat

Permettrait de discuter de points tels que :

- Les valeurs du PMI.
- Quand est-ce qu'un PMI est le plus utile ?
- Les dangers du PMI.
- Pourquoi la formalité du PMI peut surprendre au départ.
- Si l'aspect strict et le temps réglementé sont des obstacles pour les utilisateurs au début.
- La difficulté de la partie « Intéressant » du PMI.

Les sujets de débat peuvent être aussi choisis dans le corps de cet ouvrage.

Durée totale : 10 mn.

7. Cinquième exercice

Travail en groupe complet. Deux minutes en rotation sur chaque section, sous le contrôle du chronométreur.

Sujet : Aux élections, chacun devrait disposer de deux voix dont l'une pourrait être utilisée pour annuler une voix accordée à un candidat que l'on n'aime pas.

Durée : 6 mn.

8. Sujets d'exercices

Chaque membre du cercle dispose de trois minutes pour noter tous les sujets d'exercices (drôles et sérieux) qu'on pourrait utiliser plus tard pour s'entraîner aux techniques de réflexion. Les sujets devraient être drôles et sérieux. Le procès-verbaliste les ramasse et les conserve soigneusement pour constituer une réserve de sujets.

Temps de travail : 3 mn. Compte-rendu : 4 mn. Total : 7 mn.

9. Clôture de la séance

On rappelle la date de la prochaine séance, on annonce la technique à l'ordre du jour suivant : l'APC (Alternatives, Possibilités, Choix). On recommande à chacun de lire le chapitre consacré à l'APC.

Temps : 1 mn. Temps total : 60 mn.

On a ainsi une durée totale de soixante minutes pour cette séance. Le temps de travail imparti à chaque rubrique peut être diminué (jusqu'à une minute pour une session). Les sessions sur la recherche de nouvelles pratiques peuvent être très raccourcies et même omises si nécessaire. Il importe de respecter une discipline horaire très stricte afin d'éviter les discussions fumeuses et interminables qui n'auraient ici aucune utilité.

Il est bien entendu permis aux membres de rester ensemble (pour boire un verre par exemple) à condition de ne pas prolonger la séance d'entraînement à la réflexion, si passionnante soit-elle. Plus tard les sessions pourront être allongées à deux heures, mais cela est trop au début.

Exemple de réunion 2

Voici un exemple d'ordre du jour.

1. Thème

L'organisateur présente le sujet de la séance : l'APC, un exercice de focalisation. Il rappelle sa signification : Alternative, Possibilités, Choix. Il s'agit donc de proposer des solutions de rechange : d'autres façons de voir les choses, d'autres façons de faire les choses.

Durée de l'explication : 2-3 mn.

2. Premier exercice

Chacun travaille individuellement sur le sujet proposé. Temps imparti : deux minutes. À la fin de l'exercice, on se rassemble pour comparer les résultats.

Sujet : À l'aube, on aperçoit une femme en train d'enterrer trois chaussettes rouges dans le jardin, chacune dans un trou différent. Quelles explications trouvez-vous ?

Durée de l'exercice : 2 mn. Compte-rendu : 4 mn. Total : 6 mn.

3. Deuxième exercice

Le cercle se divise en trois groupes de deux. Chaque groupe essaie de formuler le plus grand nombre possible de solutions au problème posé.

Sujet : Trouver différents moyens pour mesurer la quantité totale de liquide absorbée par une personne en vingt-quatre heures.

Exercice : 3 mn. Compte-rendu : 4 mn. Total : 7 mn.

4. Troisième exercice

Le groupe complet se met en cercle. L'organisateur fait le tour en demandant à chacun une explication, une solution différente. Quand un des participants « sèche », on passe au suivant. Quand plus de trois membres passent l'un après l'autre, on ouvre la discussion à tout le groupe.

Sujet : Trouver différents moyens d'économiser l'énergie à la maison et de façon générale.

Durée : jusqu'à 8 mn, avec arrêt net.

5. Quatrième exercice

Travail en deux groupes de trois. But : proposer différentes façons d'agir dans une situation donnée. Au bout de trois minutes, compte rendu et comparaison de résultats.

Sujet : Un père découvre que son fils de dix-huit ans a vendu la voiture familiale pour payer des dettes impérieuses. Le fils donne le nom de l'acheteur. Quelles possibilités d'action s'offrent au père ?

Durée : travail : 3 mn. Compte-rendu : 4 mn. Total : 7 mn.

6. Carrefour-débat

On devra recouvrir les questions soulevées par ce chapitre du livre ainsi que tous les points s'y rapportant.

Exemple :

- Quand recherchons-nous des alternatives ? Quand n'en recherche-t-on pas ?
- Quels dangers comportent la recherche constante d'alternatives ?
- Pourquoi est-il parfois difficile d'en trouver ?
- Doit-on les retenir toutes, y compris celles qui sont improbables ?
- Le regroupement des solutions est-il général ou restrictif ?
- Conduisent-elles ou non dans des directions différentes ?

Durée : 10 mn, avec arrêt net.

7. Cinquième exercice

Le groupe travaille ensemble. Chacun réfléchit deux minutes au sujet proposé. L'organisateur fait ensuite le tour et demande à chaque membre de proposer une alternative pour les sujets donnés dans la liste. L'alternative doit avoir les mêmes fonctions que le sujet proposé.

Sujet : Trouver d'autres objets remplissant la même fonction qu'une échelle, une tasse, un chien, une clé, une fenêtre.

Durée : réflexion individuelle : 2 mn. Compte-rendu : 4 mn. Total : 6 mn.

8. Sixième exercice

Le groupe travaille ensemble. Il essaie de trouver différentes manières d'aborder et d'envisager les problèmes donnés. Il ne s'agit pas de trouver des solutions mais des approches différentes.

Sujet : Nouvelles approches du problème de l'augmentation de la délinquance urbaine. À noter qu'une approche ne signifie pas forcément une solution radicale au problème mais inclut des propositions et des suggestions d'action.

Durée : 7 mn.

9. Sujets d'exercices

Chacun passe deux minutes à élaborer des sujets d'exercices applicables à l'APC. Ne pas oublier de respecter la proportion drôle/sérieux. On les commente et le procès-verbaliste les garde en réserve.

Temps de réflexion : 2 mn. Compte-rendu : 4 mn.

10. Clôture de la séance

On rappelle l'heure et le sujet de la réunion suivante.

Comme précédemment, le temps général de la réunion doit être respecté même si cela implique de réduire le temps consacré à un sujet. Le temps pour les commentaires en particulier ne devrait pas être dépassé. Les sujets d'exercices, notamment à la fin, peuvent être annulés s'il ne reste pas assez de temps.

À éviter

Il y a un certain nombre de pièges dans lesquels il vaut mieux ne pas tomber si l'on veut que le cercle de réflexion survive. Au départ, ces travers peuvent sembler innocents, voire amusants, mais l'expérience prouve qu'ils sont fatals. En voici quelques exemples :

- ne pas respecter la discipline horaire et laisser se prolonger une discussion « intéressante » au-delà du temps imparti ;
- ne pas se concentrer sur *la* technique de réflexion étudiée à ce moment précis ;
- besoin de faire briller son ego, de marquer des points, de prouver qu'on a raison ;
- traiter des sujets trop lourds, trop solennels, où l'on s'enlise dans les stéréotypes et les descriptions sans fin ;
- incapacité de comprendre que des procédés simples appliqués à des sujets « légers » peuvent constituer une technique de réflexion puissante ;
- passer trop vite à l'application des techniques de réflexion à des situations réelles ou personnelles. C'est finalement un des buts du cercle, mais il vient beaucoup plus tard ;
- manquer de rigueur et penser qu'on n'a pas besoin de structures ;
- s'enliser dans les sujets alors qu'ils ne sont là que pour l'entraînement ;
- éviter d'aborder le côté « réflexion » et en rester au thème uniquement ;
- un organisateur peu énergique (ce qui se produit généralement si on permute les fonctions) ;
- le manque d'humour ;
- un parti pris idéologique ou politique.

On échappe à tous ces pièges en respectant rigoureusement la concentration, la structure et la discipline horaire. Les grands ennemis sont le bavardage, l'orgueil et l'arrogance. Ce qui est important, c'est la motivation. Si l'un des membres n'assiste qu'irrégulièrement aux réunions par manque de motivation, excluez-le.

Annexe : Comment créer un cercle de réflexion

Comment recruter des membres

D'où viennent les membres ? Le lecteur désireux de créer un cercle de réflexion peut inviter des amis susceptibles d'être intéressés à une discussion autour de ce livre. Il serait nécessaire aux autres personnes de lire ce livre ou au moins la section sur les cercles de réflexion. Mettre une annonce à la bibliothèque, à son lieu de travail ou dans un journal local est une autre façon d'attirer des membres éventuels. Une famille, un groupe de voisins ou un groupe d'enfants peuvent constituer un cercle de réflexion. Des personnes qui font déjà partie d'un cercle pourraient souhaiter faire partie du cercle de réflexion en gardant leur propre structure de groupe. Dans ce cas, les prospects pourraient venir aux réunions en tant qu'invités.

Discutez de mes livres et évoquez l'idée de créer un cercle de réflexion. Parlez de l'éducation à la réflexion dans l'enseignement, et considérez le cercle comme une chance de faire la même chose avec des personnes qui ne vont plus à l'école.

Une famille pourrait former un cercle de réflexion à elle seule ou avec une autre famille voisine. Vous pouvez former un cercle pour les enfants du quartier.

Les cercles de réflexion donnent une raison aux gens de se rencontrer régulièrement, sans l'inconvénient des dépenses engendrées pour les sorties. Cependant, pour le début, il pourrait être utile d'inviter quelques amis potentiellement intéressés pour une soirée qui pourrait être dédiée à un type de réunion suggéré dans ce chapitre. Si le ton reste défini et déterminé (sans être menaçant ou ennuyeux), alors la plupart des participants apprécieront de réfléchir de cette façon. Les gens aiment avoir un cadre défini dans lequel se rencontrer et parler à d'autres.

Beaucoup ont créé leur propre cercle de réflexion. J'ai récemment rencontré quelqu'un à San Francisco qui a son propre club avec quatre-vingts adhérents. Lorsque vous aurez organisé six sessions fructueuses, contactez-moi et j'ajouterai le fruit de vos travaux à ma base de données des cercles de réflexion.

Bibliographie

Livres d'Edward de Bono

Traduits en français :

La boîte à outils de la créativité, Éditions d'Organisation, 2004.

Les six chapeaux de la réflexion, Éditions d'Organisation, 2005.

Non traduits :

The Use of Lateral Thinking, Cape, 1967 o.p. ; Penguin Books, 1971. Publié sous le titre *New Think : The Use of Lateral Thinking in the Generation of New Ideas*, New York : Basic Books, 1968.

The Five Day Course in Thinking, Penguin Books, 1968.

The Mechanism of Mind, Jonathan Cape, London 1969 ; Penguin Books, 1976.

Lateral Thinking : a Textbook of Creativity, Ward Lock, 1970 Penguin Books, 1977. Également publié sous le titre *Lateral Thinking : Creativity step by step*, N.Y. Harper, 1973.

Lateral Thinking for Management, McGraw Hill, 1971 ; Penguin Books, 1982 : American Management Association, 1971.

Practical Thinking : Four Ways to be Right, Five Ways to be Wrong, Five Ways to Understand, Jonathan Cape, 1971 o.p. ; Penguin Books, 1976.

Po : beyond yes and no, Penguin Books, 1973. Également publié sous le titre *Po : A device for Successful Thinking*, New York : Simon and Schuster, 1972 o.p.

Think Tank, Think Tank Corporation, Canada, 1973.

Eureka ! An Illustrated History of Inventions from the Wheel to the Computer Thames and Hudson, 1974 o.p. : paperback 1979 ; New York : Holt, 1974 o.p. ; Harper, Row and Winston, 1979.

Bibliographie

Teaching thinking, M. Temple Smith, 1976 ; Penguin Books, 1979 ; N.Y. Transatlantic, 1977.

Word Power : An Illustrated Dictionary of Vital Words, Pierrot Publishing, 1977 o.p. ; Penguin Books, 1979 o.p. ; New York : Harper and Row, 1977.

The Happiness Purpose, M. Temple Smith, 1977 ; Penguin Books, 1979.

Opportunities : a Handbook of Business Opportunity Search, Associated Business Programmes, 1978 o.p. ; Penguin Books, 1980.

Future Positive, M. Temple Smith, 1979 ; New York : Transatlantic, 1980.

Atlas of Management Thinking, M. Temple Smith, 1982 ; Penguin, 1983.

I am Right You are Wrong, Viking, London and New York, 1991.

Handbook for the Positive Revolution, Viking, London and New York, 1992 ; Penguin Books, 1992.

Teach Your Child How to Think, Viking, London and New York, 1993 ; Penguin Book, 1993.

Water Logic, Viking, London, 1993.

Parallel Thinking, Viking, London, 1994 ; Penguin Books, 1995.

Sur/Petition: Going Beyond Competition, Harper Business, New York 1992 and HaperCollins, London 1995 ; Profile, London, 1995.

Tactics: The Art and Science of Success, Little Brown and Co., New York, 1984 ; Profile, London, 1995.

De Bono's Mind Pack, Dorling Kindersley, New York and London, 1995.

Teach Yourself to Think, Viking, London 1995 ; Penguin Books, London, 1996.

Textbook of Wisdom, Viking, London and New York 1996 ; Penguin Books, London, 1997.

How to Be More Interesting, Viking, London 1997 ; Penguin Books, London, 1998.

Super Mind Pack, Dorling Kindersley, New York and London, 1998.

Simplicity, Penguin Books, London, 1999.

New Thinking for the New Millenium, Viking, London, 1999 ; Penguin Books, London, 2000.

How you Can Be More Interesting, New Millenium Press, Beverley Hills, 2000.

The de Bono Code Book, Viking, London 2000 ; Penguin Books, London, 2001.

How to Have a Beautiful Mind, Vermilion, London, 2004.

Cours de réflexion

CoRT Thinking Lessons, Fondation pour la Recherche Cognitive, 60 leçons divisées en 6 ensembles de 10 leçons.

Contact

Pour toute information sur les cercles, cours et séminaires de formation en entreprise, veuillez contacter Minding International France, 50 rue de Rennes 75006 Paris. Tel. +33 (0)1 42 84 22 39, www.mind-ing.com, info@mind-ing.com.

Dans le cadre de sa politique de développement durable,
Jouve initie en 2007 une démarche visant à la certification ISO 14001.
Cet ouvrage est imprimé sur papiers Amber Graphic des papeteries Arctic Paper pour l'intérieur et Ensocoat des papeteries Stora Enso pour la couverture. Ces papiers sont fabriqués sur des sites papetiers certifiés ISO 14001 et enregistrés EMAS à partir de fibres d'origine de forêts gérées de manière durable.

Imprimé en France. - JOUVE, 11, bd de Sébastopol, 75001 PARIS
N° 447882C - Dépôt légal : Décembre 2007